BIOTOPE

Feuillus

Dans des bois ou bosquets composés en majorité d'arbres feuillus (chênes, hêtres, châtaigniers, bouleaux…) ou en bordure de ces bois (bord de route, lisière…).

Conifère

Idem que pour les feuillus mais adaptés aux conifères (pins, sapins, épicéas, mélèzes…).

Mixte

Aussi bien sous les feuillus que sous les conifères.

Prairie

Dans les prés, les prairies, les pâturages, les pelouses, sur l'herbe des bords de route, les champs en jachère.

Souche

Sur le bois d'arbres vivants ou morts, sur des souches. Ce bois peut être enterré sous quelques centimètres de terre donnant l'impression que le champignon pousse sur l[illegible]

S'il est vrai q[illegible] d'espèces poussent à la fin de l'été et en automne, chaque champignon croît pendant une saison précise. Pour chaque monographie, un symbole indique la période de récolte (cases coloriées). Il faut savoir néanmoins que, selon les régions, un certain décalage peut exister compte tenu des différences climatiques.

CRÉATION et RÉALISATION
A.T.P.

Conception éditoriale :
Hervé Chaumeton

Coordination éditoriale :
Valérie Blanchout

Assistée de :
• PAO : Vincent Allier, Nathalie Mathonnat,
Isabelle Savignat, Isabelle Véret
• DAO : Christophe Courtier, Philip Loup, Vincent Moulinot
• Dessins : Jacques Theillard
• Relecture : Pascale Brau-Mirabel

♦

avec la collaboration de l'équipe éditoriale
de Sélection du Reader's Digest

Remerciements
L'auteur tient à remercier M. René-Jacques BOUTEVILLE, secrétaire de la Société d'histoire naturelle d'Auvergne et membre de la Société mycologique de France, pour son aimable collaboration.

ISBN : 2-7098-0607-X

Côté nature

Le guide des Champignons de France

Jean-Marie POLESE

Sélection du Reader's Digest

PARIS • BRUXELLES • MONTRÉAL • ZURICH

SOMMAIRE

Avertissement aux lecteurs

Le plus grand soin a été apporté au choix et à la description des espèces de cet ouvrage. Toutefois, nous attirons l'attention des lecteurs sur l'absolue nécessité de délaisser un champignon récolté si le moindre doute subsiste quant à son identification. Il est préférable de renoncer à un bon petit plat plutôt que de risquer une intoxication sévère !

INTRODUCTION

Morphologie

Le champignon dans sa forme typique est composé d'un pied et d'un chapeau nettement individualisés (agarics, bolets, russules...). Certains parmi les plus primitifs, ou au contraire parmi les plus évolués, ont des formes particulières : globuleuse, en massue, en coupe, ramifiée, alvéolée, etc. Ceux-là sont dans leur majorité assez facilement identifiables. Les champignons à lames, très nombreux, sont en revanche plus difficiles à déterminer. Il est même impossible, sans le recours à l'observation des caractères microscopiques, de donner un nom d'espèce à beaucoup de ceux qui ne possèdent pas de caractéristiques propres permettant de les différencier d'autres champignons tout aussi banals (couleur, saveur, habitat...). Certains caractères ne sont pas toujours faciles à préciser pour des non-spécialistes. Ainsi, la forme des lames et leur mode d'insertion sur le pied possèdent de nombreuses variantes, et d'ailleurs leur description varie quelque peu d'un mycologue à l'autre. C'est pourquoi nous n'avons mentionné ces caractères que dans des cas d'observation facile (lames décurrentes, lames libres).
Voici explicités par des dessins les caractères à observer et la définition des quelques termes de mycologie que nous n'avons pas pu éviter dans ce livre pour des raisons pratiques.

Forme générale du champignon

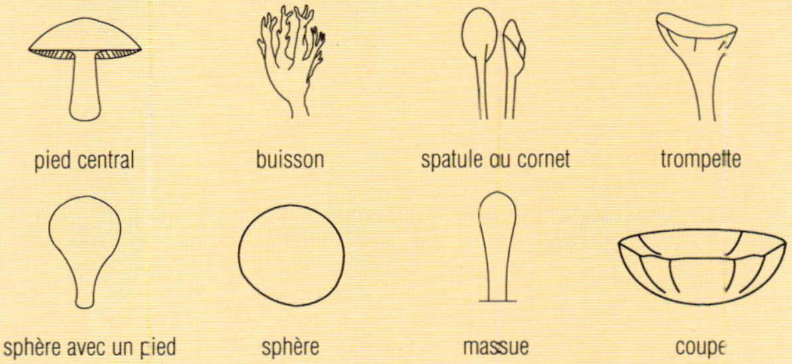

Champignons à :

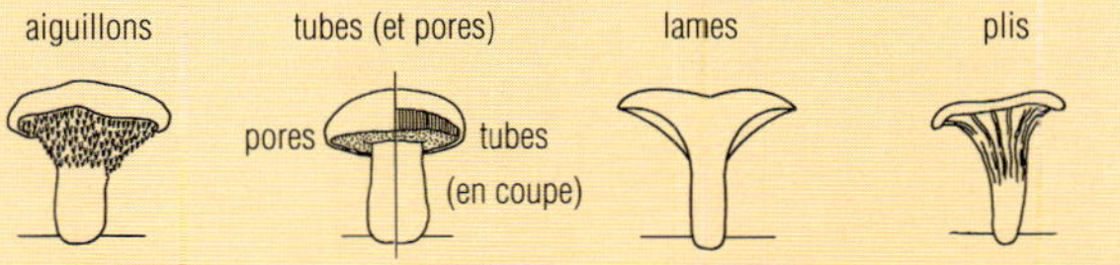

LE CHAPEAU

Forme du chapeau

convexe

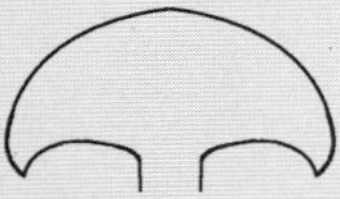

hémisphérique

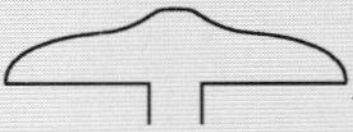

mamelonné

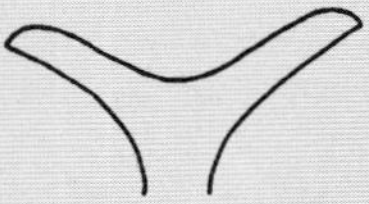

en entonnoir

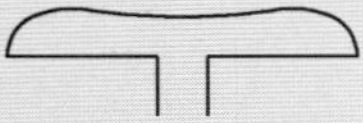

déprimé

conique

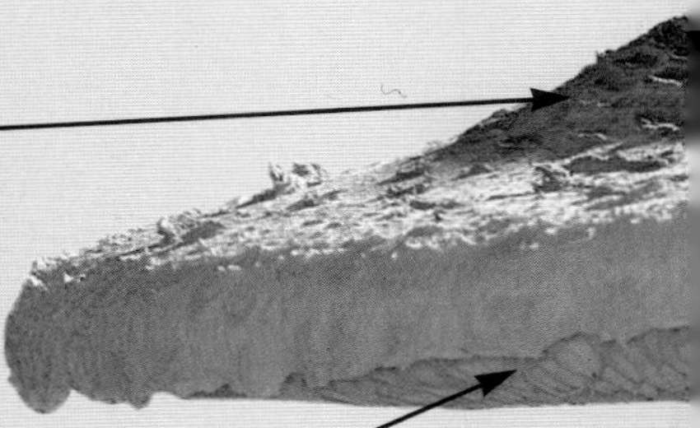

Cuticule
Pellicule superficielle imperméable

Lames

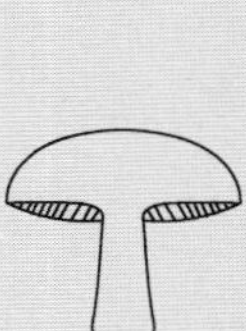

adnées

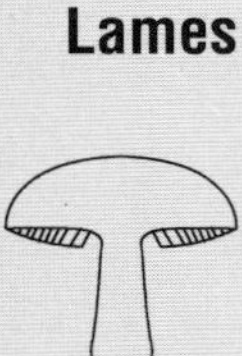

libres

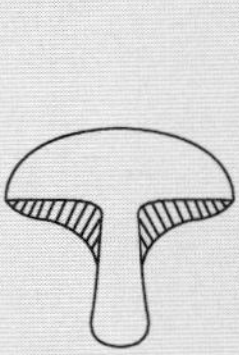

décurrentes

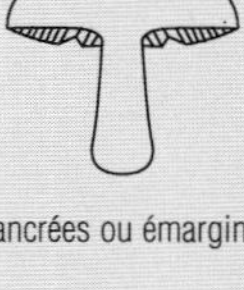

échancrées ou émarginées

espacées serrées
Lames vues de dessous

Surface du chapeau

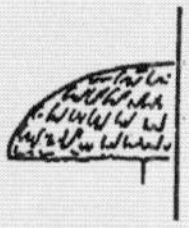

méchuleuse

fibrilleuse

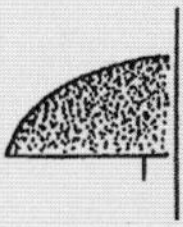

granuleuse

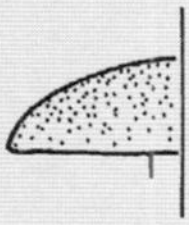

pruineuse

écailles

plaques

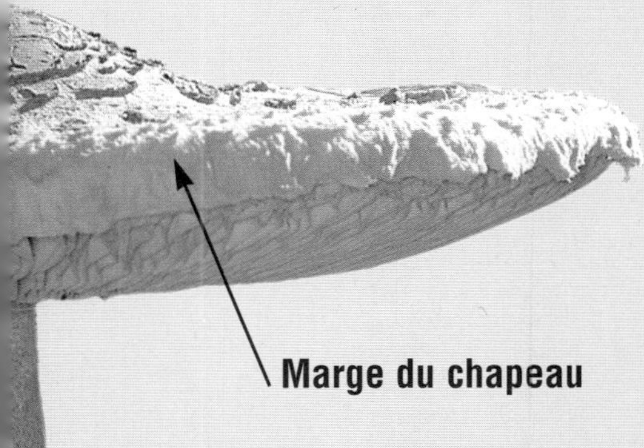

Marge du chapeau

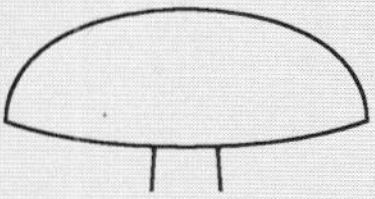

lisse

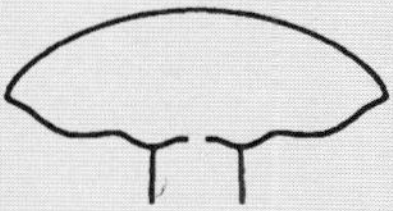

ondulée ou sinueuse

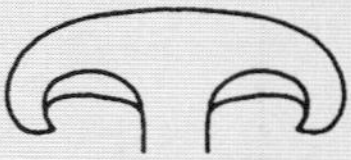

enroulée

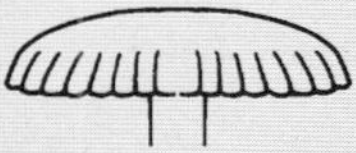

cannelée

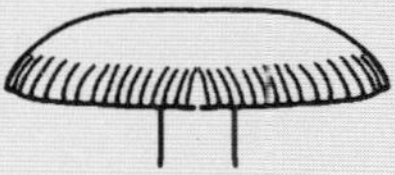

striée

LE PIED

Forme du pied

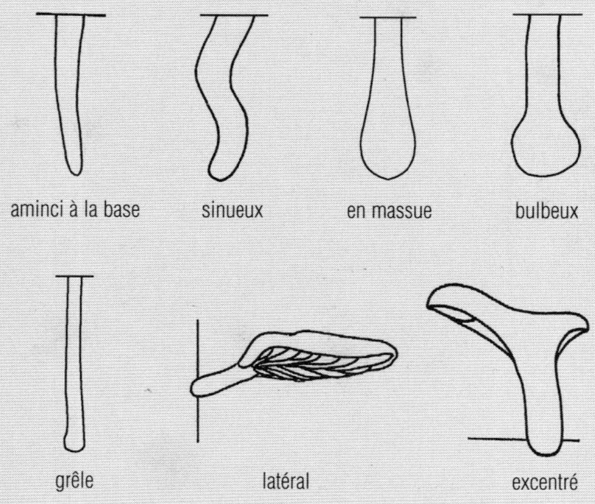

Surface du pied

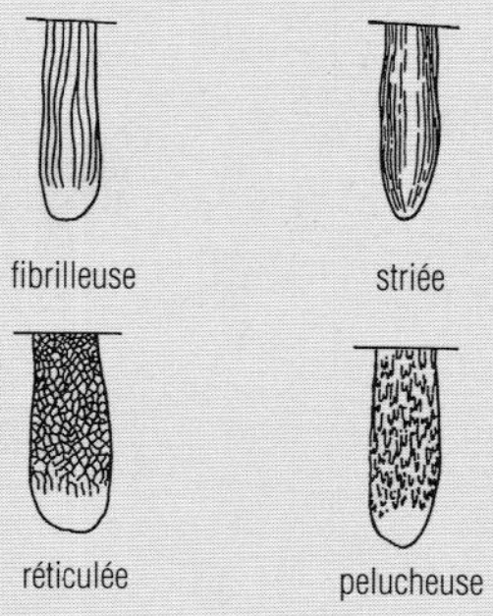

Cueillir les champignons

Le matériel du cueilleur de champignons

- un panier (en grillage fin ou en osier). Surtout évitez les sacs en plastique, qui empêchent la circulation de l'air et dans lesquels les champignons prennent un « coup de chaud ». Prévoyez éventuellement de pouvoir compartimenter votre panier si vous comptez cueillir plusieurs espèces (par exemple cèpes et girolles), les espèces plus grosses risquant d'écraser les espèces plus fragiles ;
- un couteau, pour couper les champignons au ras du sol (sauf s'il faut vérifier la présence ou l'absence de volve), ou sous le chapeau si le pied n'est pas comestible, et pour gratter la terre à la base du pied ;
- un bâton peut être d'un grand secours pour écarter les fougères ;

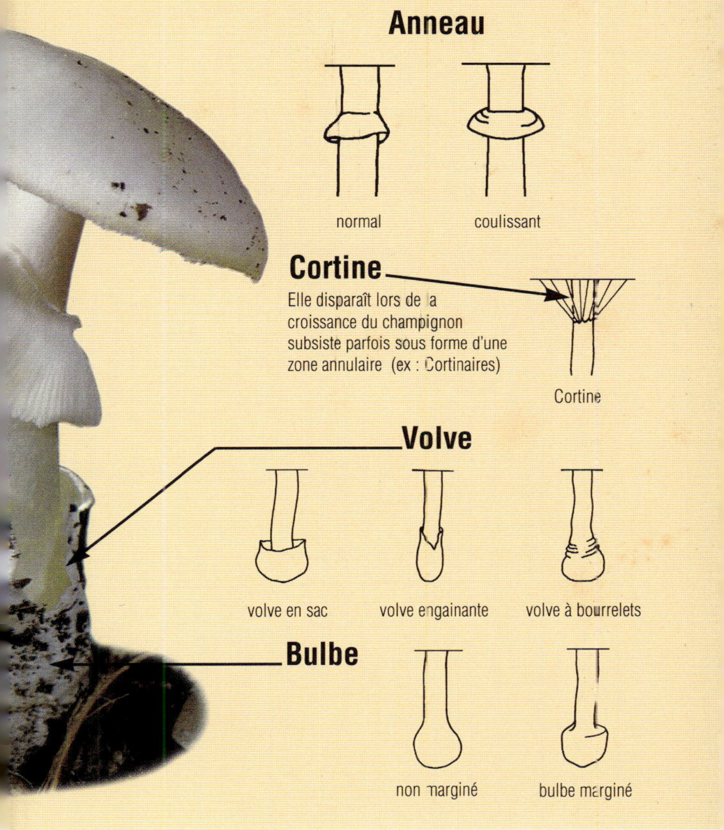

– éventuellement une loupe (portée autour du cou) pour examiner des détails (fins flocons au sommet du pied, par exemple)

La tenue vestimentaire

Elle est importante si vous partez pour plusieurs heures à la recherche de champignons, et si vous ne voulez pas qu'une partie de détente se termine en corvée. Chacun l'adaptera bien sûr en fonction de la météo et de ses goûts personnels. Les quelques conseils qui suivent pourront se révéler cependant très utiles :

– Prévoyez des vêtements dans lesquels vous serez à l'aise, peu serrés pour ne pas gêner les mouvements du corps, mais pas trop amples non plus afin d'éviter de vous accrocher aux ronces ou aux branches. Pour la même raison, il faut proscrire les gros pull-overs en laine portés par-dessus.

– Habillez-vous en fonction du milieu dans lequel vous allez vous rendre, si vous le connaissez : choisissez des chaussures solides si le terrain est sec (évitez les tennis et chaussures apparentées, qui ne conviennent pas du tout), des bottes si le sol est humide, un pantalon de toile épaisse s'il y a des ronces ou des broussailles à franchir, etc.
– Les ramasseurs chevronnés qui partent pour la journée auront intérêt à prévoir une ou même deux tenues de rechange. En effet, rien n'est plus désagréable que la cueillette des champignons lorsque l'on est trempé.
– Même si la journée s'annonce ensoleillée, les matinées d'automne sont souvent accompagnées de rosée, qui persiste parfois jusque tard et qui mouille rapidement le bas du corps.
– Un imperméable à capuchon, certes pas très pratique est cependant appréciable pour passer dans une végétation mouillée. Mais, dans des taillis épais, l'eau arrive à pénétrer par les manches et par le col.

La cueillette

Évitez de sortir les jours où la chasse est autorisée, ou bien dans des bois où se déroule une chasse à courre. Des accidents mortels surviennent chaque année.
Il ne faut récolter que des spécimens que vous pouvez identifier. Ne prélevez que des sujets en bon état, fermes, si possible avant complète maturité, car pour la reproduction de l'espèce, il faut laisser en place les exemplaires vieillissants. Coupez le champignon à la base avec un couteau (sauf pour vérifier la présence ou l'absence d'une volve) et grattez les parties souillées de terre. En procédant ainsi vous éviterez qu'ils ne se salissent entre eux dans votre panier.

Les champignons et la cuisine

Il n'est pas aisé de classer les champignons d'après leur valeur organoleptique, tant elle diffère d'une région à l'autre, et même d'un gastronome à un autre. Dans le Sud-Est, on apprécie le lactaire délicieux *(Lactarius deliciosus)*, alors qu'il est plutôt dédaigné dans le reste du pays. On peut tout de même citer les valeurs sûres : truffe, morille, oronge, cèpe, girolle, mousseron (marasme des oréades). D'autres, un peu moins réputés, n'en demeurent pas moins de très bons comestibles : hygrophore de mars, pied-bleu, tricholome équestre, tricholome de la Saint-Georges, pleurote, rosé des prés, trompette des morts, chanterelle grise, pied-de-mouton, etc. Il faut éviter autant que possible de laver les champignons, car ils se gorgent d'eau et perdent de leur goût. L'idéal est de les cueillir proprement, sans terre, et de les gratter sur place avec un couteau. Avant de les cuisiner, un essuyage avec un torchon éliminera les dernières saletés. Cependant, certaines espèces doivent obligatoirement être rapidement lavées (trompette de la mort, tricholome équestre, morilles...) afin de les débarrasser des petites limaces ou des grains de sable. En règle générale, les champignons doivent être consommés cuits. Cela est particulièrement vrai pour des espèces excellentes cuites mais toxiques crues : morilles, amanite rougissante. Pour certains on peut faire une entorse à cette règle : champignon de Paris, oronge, pézize orangée.

La conservation

Il est souhaitable de consommer les champignons à l'état frais, le plus rapidement possible après la cueillette. Certaines années, telle ou telle espèce pousse en quantité très abondante. C'est une véritable aubaine pour le mycophage, qui devra employer une méthode de conservation.

• La dessiccation

Elle convient aux espèces à chair mince : trompette des morts, mousseron d'automne, mais également à certaines espèces charnues après les avoir coupées en lamelles de quelques millimètres d'épaisseur : cèpes, girolles... Les petites morilles sèchent très bien entières. La dessiccation au niveau amateur consiste à étendre les champignons non lavés (mais cueillis proprement) et non mouillés sur un grillage ou tout autre support ajouré qui laisse l'air circuler librement. Il faut bien étaler les champignons afin qu'ils ne se touchent pas entre eux. Choisissez comme lieu de séchage un local sec et aéré, si possible chaud (grenier, par exemple). Au bout de quelques jours ou de quelques semaines, les champignons craquent sous la pression des doigts. On peut alors les stocker dans des sacs en plastique ou des bocaux hermétiques. Faites tremper un quart d'heure dans de l'eau tiède les champignons secs avant leur utilisation en cuisine. Ce procédé convient particulièrement au mousseron (marasme des oréades), qui voit ainsi son arôme renforcé.

• La congélation

La congélation altère quelque peu le goût des champignons, qui en plus ont tendance à ramollir (pour les espèces à chair ferme). Il faut surtout éviter de les congeler crus. Procédez plutôt de la façon suivante. Faites rendre l'eau aux champignons à feu vif, dans une poêle ou casserole dans laquelle vous aurez ajouté un peu d'eau ou d'huile afin d'éviter qu'ils n'attachent au début. Jetez l'eau qu'ils auront rendue. Égouttez et mettez-les dans des sacs en plastique ou dans des boîtes, et placez-les au congélateur. Au moment de l'utilisation, ne les faites pas dégeler mais cuisez-les directement et préparez-les comme des champignons frais.

• La stérilisation

Ce procédé, qui est le plus employé, peut convenir à toutes les espèces. Faites rendre l'eau aux champignons jusqu'à ce qu'ils en soient recouverts. Mettez-les en bocaux et recouvrez-les de leur eau de cuisson. Faites stériliser pendant deux heures.

INDEX VISUEL

Afin de faciliter l'identification des champignons, la ou les espèces les plus caractéristiques sont représentées pour chaque groupe.

Ainsi, très rapidement et ce, même sur le terrain, il est aisé de :

1 – **visualiser** à quel groupe ou sous-groupe le champignon récolté appartient en le comparant aux photos ; bien entendu, cette reconnaissance sera plus aisée pour certains champignons (morilles, clavaires…) que pour d'autres, à lames notamment (conocybes et mycènes, par exemple, qui se ressemblent beaucoup) ;

2 – **vérifier** que le champignon possède les critères morphologiques décrits ;

3 – **affiner** l'identification en se reportant aux monographies (les numéros en gras renvoient aux champignons concernés).

Cet index suit exactement la classification adoptée dans les monographies. Les bandeaux de couleur attribués pour chaque groupe sont repris en haut des pages des monographies, ce qui facilite le repérage dans le livre.

ASCOMYCÈTES

Les ascomycètes sont les plus primitifs des champignons. Beaucoup d'entre eux passent inaperçus, alors que certains sont très connus : pezizes, truffes, morilles.

1 à 27 De formes très diverses, il est difficile de leur trouver des caractères communs visibles à l'œil nu. Leur particularité réside dans leurs spores, qui sont produites à l'intérieur de la cellule fertile (nommée asque).

Lycogale

Pezize

Morille

TRÉMELLALES, AURICULARIALES, & APHYLLOPHORALES

TRÉMELLALES & AURICULARIALES

28 à 35 Champignons de formes variées. Sans pied, gélatineux ou visqueux, sur branches et troncs.

Trémelle

Auriculaire

APHYLLOPHORALES

Étymologiquement, ce sont des champignons sans lames, parmi lesquels on classait autrefois les bolets.

Polypore

36 à 57 Sans pied, consistance coriace ou très dure, tubes à la face inférieure (souvent), sur bois ou sur tronc.

Stérée

58 à 64 Champignons terrestres ou lignicoles, aiguillons sous le chapeau ou sous la face inférieure.

Hydne

Chanterelle

65 à 70 Champignons terrestres, en forme de cornet ou d'entonnoir, plis ressemblant à des lames plus ou moins marqués à la face inférieure.

71 à 78 Filiforme, en massue, en arbuste ramifié, coralliforme ou en chou-fleur.

Clavaire simple

Clavaire ramifiée

TRICHOLOMATALES

Ordre hétérogène regroupant des champignons à lames, à spores blanches ou claires, à texture fibreuse, et à pied non séparable du chapeau (c'est-à-dire qu'on ne peut pas séparer ces deux parties sans les casser).

79 à 85 Lames décurrentes, de couleur claire. Pied excentré ou en cornet. Souvent coriace. Sur bois, branches, troncs.

Pleurote

86 à 100 Chapeau souvent coloré, visqueux, conique. Lames épaisses, souples, cireuses au toucher.

Hygrophore

101 à 115 Chapeau souvent déprimé, en entonnoir. Lames souvent décurrentes.

Clitocybe

116 à 136 Charnu, trapu. Lames souvent échancrées, blanches, roses, violacées, jaunes ou grisâtres.

Tricholome

137 à 167 Peu charnu. Pied mince, coriace (marasmes et collybies) ou fragile (mycènes).

Marasme

Mycène

Collybie

AGARICALES, AMANITALES PLUTÉALES & ENTOLOMATALES

Agaricales

Chapeau facilement séparable du pied. Lames libres (non rattachées au pied), blanches ou noirâtres à maturité.

168 à 177 Chapeau séparable du pied. Lames libres, blanchâtres. Pied bulbeux.

Lépiote

178 à 186 Chapeau séparable. Lames libres, rosées puis brunes. Pied muni d'un anneau.

Agaric

187 à 193 Champignons peu charnus. Lames noires et déliquescentes à maturité.

Coprin

194 à 197 Lames brun-noir à maturité (non déliquescentes).

Psathyrelle

Amanitales

198 à 213 Chapeau séparable du pied. Lames blanches. Pied muni d'une volve (sauf *Limacella*). Pied muni d'un anneau ou non ; dans ce dernier cas, la marge du chapeau est striée.

Amanite

Amanite

Plutéales & entolomatales

214 à 223
Lames roses à maturité.
Pied sans anneau.

Plutée

Entolome

CORTINARIALES

Groupe de champignons renfermant des familles dont certaines sont très proches du groupe précédent, et ayant peu de caractères communs entre elles. Ces champignons possèdent les caractéristiques suivantes :
– une texture fibreuse (permettant de les différencier des Russulales) ;
– des lames rattachées au pied ;
– des lames rouille, brunes, violettes ou noires à maturité.

224 à 241 Lames gris-brun à maturité. Souvent une cortine.

Hébélome

Inocybe

242 à 272 Cortine chez le jeune, persistant à maturité en un anneau teinté de rouille par les spores. Lames rouille à maturité.

Cortinaire

Cortinaire

Cortinaire

273 à 283 Lames rouille à maturité. Pas de cortine. Anneau présent ou absent.

Pholiote

284 à 292 Lames brun violacé à maturité.

Hypholome

293 à 294 Lames grisâtres, souvent un anneau.

Agrocybe

295 à 299 Chapeau conique-ovale, devenant parfois étalé. Lames fines, cannelle ou rouille. Dans les prairies, parfois sur excréments de bétail.

Conocybe

RUSSULALES

Champignons moyens ou grands, charnus. Lames blanches à jaunes. Pied épais et court. Chair cassante et non fibreuse (c'est-à-dire qu'elle se casse d'une façon nette, sans s'effilocher).

300 à 320 Chapeau en général de couleur vive. Lames non décurrentes. Pied blanc. Absolument sans lait à la cassure.

Russule

321 à 340 Chapeau en général terne. Lames plus ou moins décurrentes. Un lait apparaît toujours à la cassure.

Lactaire

BOLÉTALES

Portant normalement des tubes sous le chapeau, mais parfois des lames. Tubes ou lames sont facilement séparables du reste du chapeau (du moins à maturité).

341 à 346 Lames décurrentes facilement séparables.

Fausse girolle

Paxille

347 à 372 Tubes séparables.

Bolet (cèpe)

Bolet

GASTÉROMYCÈTES

La partie fertile est enfermée dans un réceptacle qui ne s'ouvre qu'à maturité. Ce groupe rassemble essentiellement les lycoperdons (vesses-de-loup) et les phalles.

373 à 384 Champignons de forme globuleuse, au moins à l'état jeune.

Vesse-de-loup

Phalle

MONOGRAPHIES

Chaque monographie se découpe en trois ou quatre rubriques.

Description

– *chapeau :* taille (diamètre du chapeau à maturité), forme et couleur. Des variations de couleurs peuvent exister entre l'état juvénile et l'état mature, l'état sec et l'état humide pour les espèces hygrophanes entre diverses formes ou variétés d'une même espèce, et même d'un spécimen à l'autre. C'est pourquoi les couleurs non caractéristiques sont souvent décrites avec imprécision : brun, jaunâtre, blanchâtre, etc. ;

– *lames :* serrées ou espacées, mode d'insertion sur le pied (décurrentes, libres…), couleur. À maturité, la libération des spores fait varier la couleur initiale des lames sauf chez les espèces à spores blanches (amanites…) ;

– *pied :* forme générale ; court si la longueur est inférieure au diamètre du chapeau, long si elle lui est supérieure ; couleur ; présence éventuelle d'un anneau, d'un bulbe, d'une volve. Il est nécessaire de bien dégager la base du pied pour vérifier la présence ou l'absence d'un bulbe ou d'une volve ;

– *chair :* la couleur peut changer lorsqu'on l'expose à l'air (c'est-à-dire que l'on coupe le champignon), comme chez certains bolets et lactaires ;

– *odeur :* parfois très subjective, et difficile à préciser. Nous ne donnons que des odeurs bien prononcées et reconnaissables par tous : anis (agaric des bois), farine (clitopile petite prune)… Pour mieux sentir un champignon, écrasez un morceau entre les doigts ;

– *saveur :* peut être douce (neutre), âcre (piquante) ou amère. Un tout petit morceau de champignon suffit pour goûter et on ne prend aucun risque si on le recrache aussitôt (surtout ne pas avaler).

Écologie

– biotope, désigné par des symboles* ;

– parfois des indications sur la nature du sol (acide, calcaire) ou le mode de croissance : en touffes (même pied), en groupes (pied distinct) ;

– période durant laquelle pousse le champignon, également signalée par des symboles*;

– degré d'abondance du champignon (peu courant, très courant…).

Comestibilité ou toxicité De l'excellent comestible au champignon mortel, tous les degrés existent. L'absence de pictogramme signifie que le champignon est un comestible médiocre ou non consommable.

Confusions Sont citées la ou les espèces avec lesquelles le champignon traité peut être confondu. Si l'espèce mentionnée fait l'objet d'une monographie dans le guide, elle est suivie du numéro d'ordre entre parenthèse. De plus, un renvoi permet de se reporter aux tableaux à la fin de l'ouvrage lorsque la confusion est examinée plus en détail. Enfin, parfois seules quelques indications qui permettent de différencier le champignon d'autres de la même famille, sont données sans qu'aucune espèce soit citée.

* Pour trouver la signification des symboles, reportez-vous aux pages de garde (debut et fin de l'ouvrage).

ASCOMYCÈTES

1 LYCOGALA EPIDENDRON
Lycogala arboricole

Description Forme globuleuse (1 cm), blanc-rose, molle, renfermant une gelée orange, brunâtre ensuite, et laissant s'échapper les spores sous forme de poussière.
Écologie Sur bois mort (pins surtout). En groupes serrés. Automne. Assez courant.
Non comestible.

2 NECTRIA CINNABARINA
Nectria couleur de cinabre

Description Revêt deux formes différentes : une forme en colonie de coussinets lisses et roses ; une forme ayant l'aspect de pustules granuleuses (0,5 cm), souvent disposées en mélange sur la même branche.
Écologie Sur branches mortes. Toute l'année. Très courant.
Non comestible.

3 HYPOXYLON FRAGIFORME
Hypoxylon en forme de fraise

Description En forme de boutons ou de pustules de 1 cm, durs, granuleux, roses, puis rouge brique, et enfin bruns. Chair brune et coriace.
Écologie Sur branches mortes (hêtres surtout). En groupes nombreux. Toute l'année, mais surtout de l'automne au printemps. Très courant.
Non comestible.

4 XYLARIA POLYMORPHA
Xylaire polymorphe
Syn. lat. : *Xylosphaera polymorpha*

Description Forme allongée de 3 à 10 cm de haut, irrégulière et variable, bosselée, rugueuse, noir mat, pied mince. Chair blanche et coriace.
Écologie Sur bois pourri de feuillus (hêtres surtout, mais aussi chênes, noisetiers...). En touffes. Toute l'année. Très courant.
Non comestible.

5 XYLARIA HYPOXYLON
Xylaire du bois

Description Forme de bois de cervidés (jusqu'à 8 cm de haut), aplati, noir velouté à la base et blanc au sommet, de consistance coriace.
Écologie Sur souches et branches mortes de feuillus ou de conifères. Toute l'année. Très courant.
Non comestible.

1

◁◁

2

3

4

◁◁

5

6 BULGARIA INQUINANS

Bulgarie salissante

Description Jusqu'à 4 cm de diamètre, d'abord globuleux, puis s'étalant, à base conique. Face supérieure lisse, noire, brillante, tachant les doigts. Face inférieure brune et granuleuse. Chair élastique.
Écologie Sur bois mort de feuillus (chênes…). En groupes. Fin de l'été et automne. Courant.
Non comestible.
Confusion *Exidia truncata* **(31)**, à forme irrégulière, gélatineuse, couverte de verrues.

7 NEOBULGARIA PURA

Néobulgarie pure

Description Forme de coupe de 2 à 4 cm, à face intérieure visqueuse, couleur chair ou rosée. Face inférieure granuleuse. Chair gélatineuse et translucide.
Écologie Sur branches et souches de feuillus. En groupes d'individus serrés. Été-automne. Assez courant.
Non comestible.

8 BISPORELLA CITRINA

Bisporelle jaune

Description En petites coupes aplaties de 1 à 3 mm, jaune vif devenant jaune orangé.
Écologie Sur bois mort de feuillus. En groupes. Du printemps à l'automne. Assez courant.
Non comestible.

9 LEOTIA LUBRICA

Léotie visqueuse
Syn. lat. : *L. viscosa*

Description Chapeau globuleux (1 cm), lobé, à bord enroulé, brun-jaune ou ocre jaune, visqueux. Absence totale de lames, de tubes ou d'aiguillons. Pied long et mince, jaunâtre, également visqueux. Chair gélatineuse.
Écologie Bois et prairies humides, seul ou en petits groupes. Été-automne. Assez courant.
Suspecté de toxicité.
Confusion *Cantharellus tubaeformis* (chanterelle en tube, **68**) jeune, à chair non visqueuse possédant des plis.

6

7

8

9

10 TUBER BLOTII

Truffe d'été
Syn. lat. : *T. aestivum*

Description Ressemble à *Tuber melanosporum* (truffe noire, **11**), mais à verrues plus grosses et à chair plus claire.
Écologie Comme *T. melanosporum,* mais maturité en été (juin à août).
Bon comestible N'égale cependant pas la truffe noire.

11 TUBER MELANOSPORUM

Truffe noire, truffe du Périgord

Description Sphérique (3 à 8 cm), à surface noire couverte de petites aspérités pyramidales. Chair ferme, d'abord claire, puis rougeâtre et noir violacé, marbrée de blanc à maturité. Odeur extrêmement forte et aromatique.
Écologie Chênaies essentiellement ; pousse sous terre, en sol calcaire. Sud-ouest et sud-est de la France. Maturité de novembre à mars. Rare.
Excellent comestible C'est le champignon le plus cher de la gastronomie française.

12 PEZIZA BADIA

Pezize noirâtre

Description En forme de coupe de 3 à 8 cm, devenant irrégulièrement ondulée, plissée à l'intérieur ; brun olive sombre à l'intérieur, brun-roux à l'extérieur. Pied absent. Chair laissant couler un jus aqueux à la cassure.
Écologie Sur sol sableux ou argileux, terrain nu. Fin de l'été et automne. Courant (surtout dans le Sud).
Bon comestible bien cuit. Vénéneux cru.

13 PEZIZA VESICULOSA

Pezize vésiculeuse

Description De 5 à 15 cm, d'abord globuleux, souvent latéralement aplati, s'ouvrant en forme de coupe avec la bordure ondulée et dentée ; absence de pied. Face extérieure finement granuleuse, beige ou jaune. Face intérieure brun-jaune et lisse, avec parfois des vésicules au fond de la coupe.
Écologie Sur sols fumés, vieux fumiers, ordures. En groupes d'individus serrés. Du printemps à l'automne. Courant.
Comestible bien cuit. Toxique cru.

10

11
◁◁

12

13

14 OTIDEA ONOTICA
Oreille-de-lièvre
Syn. lat. : *Peziza onotica*

Description Forme d'oreille d'âne ou d'oreille de lièvre (jusqu'à 10 cm de haut), jaune doré et velouté sur la face extérieure ; jaune plus clair nuancé de rose orangé sur la face intérieure. Pied quasi absent, couvert d'un duvet blanc.
Écologie Feuillus (chênes) et parfois conifères. En groupes. Fin de l'été et automne. Peu courant.
Comestible sans intérêt À consistance élastique et à goût insipide.

15 ALEURIA AURANTIA
Pezize orangée

Description En forme de coupe de 1 à 10 cm, d'abord régulière, puis dissymétrique, à bord ondulé. Face intérieure orange vif, face extérieure plus claire, duveteuse.
Écologie Sur sol nu, chemins, talus. En groupes. Fin de l'automne. Courant.
Comestible Peut être consommé cru en salade.

16 SCUTELLINIA SCUTELLATA
Pezize en bouclier, scutelline en bouclier

Description Petite coupe de 0,2 à 1 cm, assez régulière, rouge vif ; marge garnie de poils noirs. Absence de pied.
Écologie Sur bois pourri ou sur sol humide. Du printemps à l'automne. Courant.
Non comestible.

17 HELVELLA CRISPA
Helvelle crépue, oreille-de-chat

Description Chapeau formé de plusieurs lobes, ressemblant plus ou moins à une selle de cheval, blanc crème. Pied long (jusqu'à 15 cm) creusé de profonds sillons longitudinaux blancs.
Écologie Bois aérés de feuillus ou bois mixtes, bordures. Automne. Assez courant.
Comestible cuit mais médiocre À chair trop élastique. **Toxique cru.**

18 HELVELLA LACUNOSA
Helvelle lacuneuse, mitre d'évêque

Description Comme *H. crispa* **(17)**, mais entièrement gris foncé.
Écologie et comestibilité Comme *H. crispa* **(17)**.

14 ◁◁

15

16

17 ◁◁

18

19 HELVELLA ELASTICA
Helvelle élastique
Syn. lat. : *Leptopodia elastica*

Description Chapeau à deux lobes rabattus vers le bas, ondulés, crème à ocre. Pied blanchâtre, épaissi à la base. Chair très élastique.
Écologie Feuillus. Sol calcaire. Automne. Peu courant.
Comestible sans intérêt À chair mince, élastique, et au goût insipide.

20 DISCIOSTIS VENOSA
Pezize veinée

Description Forme étalée ou en coupe de 5 à 15 cm, lobée. Face supérieure plissée, boursouflée, brun-fauve. Face inférieure crème, très finement granuleuse. Pied très court, enfoui dans le sol. Chair cassante à forte odeur de chlore ou d'eau de Javel.
Écologie Feuillus humides, parcs, bordures de cours d'eau, mêmes endroits que la morille. Printemps. Peu courant.
Bon comestible Odeur peu appétissante disparaissant à la cuisson.

21 GYROMITRA ESCULENTA
Gyromitre dite comestible

Description Chapeau globuleux (5 à 10 cm) irrégulier, en forme de cerveau, lobé, brun-rouge. Pied également irrégulier, blanc.
Écologie Feuillus (châtaigniers, hêtres) ou conifères (pins), sol acide. Printemps. Plutôt rare en plaine, assez courant en montagne jusqu'à 2 000 m.
Mortel Surtout s'il est insuffisamment cuit ou consommé en trop grande quantité. Il continue cependant à être consommé par des amateurs, qui le considèrent comme un excellent comestible.
Confusions Les morilles ont des alvéoles profonds et un chapeau de forme plus régulière.

Gyromitra esculenta (gyromitre, **21**) a longtemps été considérée comme un excellent champignon comestible. Sa commercialisation est devenue interdite en France depuis quelques années, qu'il soit frais ou séché. En effet, la gyromitre est responsable de plusieurs cas d'empoisonnement mortel. Elle est pourtant encore consommée par certains qui la trouvent meilleure que la morille elle-même. Si vous faites partie de ceux-là, n'oubliez jamais qu'il faut faire cuire ces champignons assez longtemps, jeter l'eau de cuisson et la manger en quantité modérée.

19

20

21

22 PTYCHOVERPA BOHEMICA

Verpe de Bohême
Syn. lat. : *Verpa bohemica*

Description Chapeau marqué de profonds sillons, labyrinthiformes, à côtes épaisses, brun-jaune. Le chapeau est rattaché au pied à son sommet, et non à la base. Pied blanc, teinté de jaune, à bandes floconneuses transversales ; court chez le jeune, il s'allonge par la suite (jusqu'à 15 cm).
Écologie Taillis et bois humides de feuillus (frênes, noisetiers…). En groupes. De mars à mai. Assez courant (surtout en moyenne montagne).
Bon comestible Se prépare comme les morilles, avec lesquelles elles sont parfois confondues.
Confusions Les verpes sont parfois vendues sous l'appellation de morille (ressemblance, même habitat, même époque d'apparition). Elles s'en distinguent par leur point d'attache entre le pied et le chapeau.

23 VERPA CONICA

Verpe en doigt de gant
Syn. lat. : *V. digitaliformis*

Description Ressemble à *P. bohemica* **(22)**, excepté le chapeau, qui est quasi lisse, parfois bosselé, mais jamais creusé de sillons profonds.
Écologie Comme *P. bohemica* **(22)**.
Comestible sans intérêt.

24 MITROPHORA SEMILIBERA

Morillon, mitrophore hybride

Description Chapeau de 2 à 4 cm de haut, conique, creusé d'alvéoles délimités par des côtes plutôt disposées en long, à arêtes brun-noir, plus foncées que le reste du chapeau ; base du chapeau libre, non rattachée au pied. Pied blanc crème, granuleux, soudé au chapeau à mi-hauteur.
Écologie Bois et taillis de feuillus (frênes, noisetiers, peupliers…), surtout près de l'eau. Mars-avril. Assez courant.
Très bon comestible Moins charnu que les morilles. Il ne se conserve pas très longtemps et doit donc être consommé très vite.
Confusions Chez les morilles, la base du chapeau est soudée au pied.

On nomme parfois abusivement morilles ces champignons qui, bien que comestibles, sont loin d'égaler leurs qualités gastronomiques. Le pied de ces fausses morilles s'enfonce à l'intérieur du chapeau, laissant la base de ce dernier complètement libre, alors qu'elle est soudée au pied chez les morilles.

22

23

24

25 MORCHELLA CONICA

Morille conique, morille délicieuse

Description Chapeau allongé de 5 à 8 cm de haut, deux fois plus haut que large, à sommet plus ou moins conique ; alvéoles brun olivâtre à brun-rouge, allongés, séparés par des crêtes très épaisses disposées verticalement et par des crêtes transversales plus fines. Pied plus court que le chapeau, assez mince, épais à la base, blanc ocracé.
Écologie Bois de conifères (sapins, épicéas...) et bois mêlés, haies, lisières, plutôt montagnard. Mars-avril. Peu courant.
Excellent comestible La meilleure morille selon les connaisseurs.

26 MORCHELLA ESCULENTA

Morille commune
Syn. lat. : *M. vulgaris*

Description Chapeau globuleux ou allongé (4 à 8 cm de haut), creusé d'alvéoles profonds, brunâtres, séparés par des crêtes épaisses disposées sans ordre précis, à arête plus claire ayant tendance à roussir. Pied blanc ocracé, trapu, élargi à la base, plus ou moins granuleux.
Écologie Bois clairs de feuillus (frênes, charmes, peupliers...), bords des cours d'eau, terrains calcinés, décombres... Printemps. Peu courant à assez courant.
Excellent comestible Très délicat. Les préparations peu assaisonnées permettent de mieux préserver son goût très fin. Il faut cependant bien faire cuire les morilles car elles sont un peu toxiques à l'état cru.

27 MORCHELLA ROTUNDA

Morille ronde, morille blonde

Description Chapeau de 5 à 10 cm de haut, d'un blond chaud ; alvéoles grands et arrondis, à crêtes minces se teintant de rouille.
Écologie Comme *M. esculenta* **(26)**. Feuillus, friches, haies. Printemps. Peu courant à assez courant (plaine et montagne).
Excellent comestible Comme *M. conica* **(25)**.
Confusion *Gyromitra esculenta* (gyromitre, **21**) a un chapeau cérébriforme, brun-rouge.

On classe habituellement les morilles en deux groupes : les morilles distantes, dont le chapeau est séparé du pied par un sillon appelé vallécule (*M. conica,* **25**), et les morilles adnées, qui n'ont pas de vallécule (*M. esculenta,* **26** *et M. rotunda,* **27**). Cette distinction se fonde sur l'importance de la vallécule, la taille et la forme du chapeau, et sur leurs caractéristiques écologiques respectives (époque, nature du sol, altitude). Malgré tout, cette classification des morilles ne fait pas l'unanimité, et certains scientifiques classent en différentes espèces des morilles que d'autres considèrent comme faisant partie d'une seule et même espèce.

25

26

27

28 AURICULARIA AURICULA-JUDAE

Auriculaire oreille-de-Judas
Syn. lat. : *Hirneola auricula-judae*

Description En forme de coupe ou d'oreille de 5 à 10 cm. Face interne d'abord lisse, puis plissée, gris violacé à brune. Face externe de même couleur, veloutée avec l'âge. Pied absent. Chair gélatineuse, coriace par temps sec.
Écologie Sur branches mortes de feuillus (sureaux, noyers, saules, aulnes...), en bordure de rivière. Toute l'année, surtout en hiver et au printemps. Courant.
Bon comestible jeune Malgré sa consistance élastique. Très apprécié en Asie, où une variété proche, *A. polytricha,* est très cultivée (c'est le champignon noir). S'emploie également séché.
Confusion *Auricularia mesenterica* **(29)**, également plissé, à face supérieure hérissée de poils raides.

29 AURICULARIA MESENTERICA

Auriculaire mésentérique
Description Ressemble à *A. auricula-judae* (auriculaire oreille-de-Judas, **28**), mais de forme étalée et hérissée de poils gris par endroits sur la face supérieure. Chair plus coriace.
Écologie Souches ou troncs d'arbres morts. Toute l'année. Très courant.
Non comestible.

30 TREMELLA MESENTERICA

Trémelle mésentérique

Description Masse gélatineuse (3 à 10 cm) à nombreuses circonvolutions, jaune d'or, orangée en séchant.
Écologie Sur branches mortes de feuillus. Toute l'année. Assez courant.
Non comestible.

31 EXIDIA TRUNCATA

Exidie glanduleuse
Syn. lat. : *E. glandulosa*

Description Forme globuleuse noire, irrégulière, bosselée, couverte de petites aspérités, gélatineuse. Par temps sec, il se transforme en une croûte noire très dure, brillante.
Écologie Sur branches mortes de feuillus. Toute l'année. Assez courant.
Non comestible.
Confusion *Bulgaria inquinans* **(6)**, à surface lisse et à chair brunâtre.

28

29

◁◁

30

31

32 TREMISCUS HELVELLOIDES

Trémelle en forme d'helvelle
Syn. lat. : *Guepinia rufa*

Description En forme de cornet fendu sur le côté ou en spatule, de 7 à 15 cm de haut, orangée, gélatineuse. Face inférieure parfois légèrement plissée.
Écologie Bois de conifères, lisières, en station humide. Au sol, sur la mousse ou sur les aiguilles, ou sur bois pourri. Sol calcaire. Eté-automne. Assez courant (surtout dans les Alpes et le Jura).
Comestible Bien qu'à chair élastique. Peut se manger cru en salade.

33 CALOCERA VISCOSA

Calocère visqueuse

Description Ressemble à un lichen ou à des bois de renne, de 3 à 10 cm de haut ; jaune vif ou jaune doré ; ramifications symétriques, cylindriques ou légèrement aplaties. Pied longuement prolongé par une « racine » s'enfonçant dans le bois.
Écologie Sur bois mort de résineux. Toute l'année. Courant.
Toxique.
Confusions *C. cornea* **(34)** est beaucoup plus petit. Certaines clavaires, à chair non gélatineuse et sans partie radicante sous le pied.

34 CALOCERA CORNEA

Calocère cornée

Description Ressemble à *C. viscosa* **(33)** en beaucoup plus petit (1 cm au maximum), non ramifié, de teinte plus pâle.
Écologie Sur branches privées d'écorce, surtout sur celles des hêtres. Isolé ou en groupes de deux ou trois. Toute l'année. Assez courant.
Non comestible.
Confusions On peut le confondre avec quelques clavaires de couleur et de dimension identiques. Il est cependant d'une consistance plus dure.

35 DACRYMYCES STILLATUS

Dacrymyce en forme de goutte
Syn. lat. : *D. deliquescens*

Description Forme globuleuse ou allongée (0,5 cm au maximum). Visqueux et déliquescent, jaune orangé devenant rougeâtre et ridé.
Écologie Sur bois mort, en groupes. Toute l'année. Courant.
Non comestible.

Les trémelles sont des champignons gélatineux et tremblotants, qui peuvent se racornir par temps sec et se réhydrater par temps humide.

32

33

34
◁◁

35

36 PHLEBIA MERISMOIDES

Phlébia à multiples chapeaux
Syn. lat. : *P. radiata*

Description Grosses croûtes plus ou moins irrégulières, à surface ridée radialement, orange vif à rougeâtre ; marge frangée.
Écologie Sur branches de feuillus. Toute l'année. Assez courant.
Non comestible.

37 MERULIUS TREMELLOSUS

Mérule tremblotante

Description Étalé, en croûte ou disposé en éventails plus ou moins imbriqués, gélatineux et tremblotant. Face supérieure blanche, poilue ; face inférieure ridée, ocre brun. Pores irréguliers.
Écologie Sur bois pourri. Automne-hiver. Peu courant.
Non comestible.
Confusion *Auricularia mesenterica* **(29)**, dépourvu de pores.

38 SCHIZOPHYLLUM COMMUNIS

Schizophylle commun

Description En éventail ou en forme de feuille lobée (2 à 5 cm). Face supérieure blanchâtre, laineuse, radialement sillonnée. Face inférieure rose ou de couleur chair portant des lamelles rayonnantes à partir du point d'attache sur le support, fendues dans le sens de la longueur.
Écologie Sur bois mort ou vivant. Toute l'année. Très courant.
Non comestible.

39 FISTULINA HEPATICA

Fistuline hépatique, langue-de-bœuf

Description Chapeau de 10 à 20 cm, en forme de langue. Face supérieure rouge brique, très visqueuse, couverte de petites aspérités. Face inférieure à pores jaunâtres, puis rouges. Chair molle, rouge, veinée de sillons plus clairs, laissant s'écouler un suc rouge à saveur salée.
Écologie Sur troncs de feuillus (chênes, châtaigniers...). Été-automne. Assez courant.
Bon comestible jeune.

40 GANODERMA APPLANATUM

Ganoderme aplani
Syn. lat. : *G. lipsiense*

Description Chapeau semi-circulaire, haut de 50 cm au maximum, lobé, à face supérieure bosselée, sillonné de cercles concentriques ; grisâtre ou brun, à marge blanche ou jaune. Pores très fins, blancs, virant au brun au toucher. Sans pied. Consistance dure.
Écologie Sur troncs de feuillus (hêtres, peupliers...). Toute l'année. Courant.
Non comestible.

36 ◁◁

37

38 ◁◁

39

40

41 GANODERMA LUCIDUM
Ganoderme luisant

Description Chapeau de 6 à 15 cm, bosselé, brun-rouge, rendu brillant par une carapace de vernis ; marge jaunâtre. Pores blancs, brunissants. Pied latéral, vertical, de même couleur que le chapeau, pouvant atteindre 30 cm. Chair d'abord élastique, puis coriace.
Écologie Sur souches et troncs morts de feuillus. Été-automne. Peu courant.
Non comestible.

42 FOMES FOMENTARIUS
Amadouvier
Syn. lat. : *Polyporus fomentarius, Ungulina fomentaria*

Description En forme de sabot de cheval de 10 à 40 cm de large et jusqu'à 20 cm d'épaisseur. Face supérieure à bourrelets, grisâtre puis brune. Face inférieure à pores très petits, gris, puis bruns. Absence de pied. Chair coriace et brunâtre.
Écologie Sur troncs de feuillus. Toute l'année. Assez courant.
Non comestible.

43 FOMITOPSIS PINICOLA
Polypore marginé
Syn. lat. : *Polyporus marginatus, Ungulina marginata*

Description En forme de sabot de cheval, parfois plus aplati, pouvant atteindre 30 cm de diamètre et 20 cm d'épaisseur ; jaunâtre, devenant brun-rouge en se couvrant d'un vernis dur ; marge épaisse, en bourrelet. Pores blanc crème, roussissant au toucher et avec l'âge. Ceux situés sur la marge sont larmoyants au printemps.
Écologie Sur conifères morts ou affaiblis, parfois sur feuillus. Toute l'année. Assez courant.
Non comestible.
Confusion *Fomes fomentarius* (amadouvier, **42**) pousse sur feuillus.

44 DAEDALEOPSIS CONFRAGOSA
Tramète rubescente
Syn. lat. : *Trametes rubescens*

Description Chapeau de 8 à 15 cm, peu épais (5 cm au maximum), en forme de rein. Face supérieure assez plate, mais parsemée d'aspérités ; marge mince. Face inférieure à pores plus ou moins allongés (jusqu'à 4 mm), inégaux, blancs, puis rougissant avec l'âge ainsi qu'au toucher.
Écologie Sur feuillus essentiellement, en bordure de rivière (saules, peupliers, aulnes). Toute l'année. Très courant.
Non comestible.

41
◁◁

42

43

44

45 TRAMETES VERSICOLOR

Polypore versicolore
Syn. lat. : *Coriolus versicolor*

Description Chapeau de 4 à 12 cm, fixé latéralement à son support, sans pied ; marge ondulée, couleurs variant du beige au brun foncé, parfois bleu-gris. Chapeaux imbriqués. Tubes très courts à pores très petits, blancs, jaunissants. Chair très coriace.
Écologie Sur bois mort ou vivant de feuillus (hêtres, bouleaux...). En groupes. Toute l'année. Très courant.
Non comestible.
Confusion *Bjerkandera adusta* **(49)** a des pores sombres et un pied court.

46 TRAMETES GIBBOSA

Polypore bossu

Description En forme de demi-cercle de 5 à 20 cm et de 1 à 10 cm d'épaisseur. Face supérieure bosselée, duveteuse, marquée de sillons parallèles à la marge, blanc à crème, parfois verdie par la présence d'algues. Face inférieure à pores allongés, gros, blancs, jaunissants. Absence de pied. Chair très coriace.
Écologie Sur souches et troncs de divers feuillus (surtout hêtres). Seul ou en groupes. Toute l'année. Très courant.
Non comestible.

47 PIPTOPORUS BETULINUS

Polypore du bouleau
Syn. lat. : *Polyporus betulinus, Ungulina betulina*

Description Chapeau de 10 à 20 cm. D'abord globuleux, puis réniforme. Face supérieure café au lait à brun, à marge plus claire et recourbée vers le bas ; cuticule se fendillant au centre. Face inférieure à pores blancs. Pied quasi absent. Chair spongieuse au début, prenant rapidement une consistance de liège.
Écologie Branches et troncs de bouleaux morts ou vivants. Apparaît en automne, mais reste accroché au support pendant plusieurs années. Très courant.
Non comestible.

Les polypores peuvent s'installer sur des arbres affaiblis, dont ils accélèrent alors la mort. Certains peuvent atteindre des proportions énormes (jusqu' à 1 m de diamètre). *Trametes versicolor* **(45)** est le plus commun, et ses coloris sont les plus variés.

45

46

47

48 HAPALOPILUS RUTILANS

Hapalopile rutilant
Syn. lat. : *Phaeolus rutilans, P. nidulans*

Description Chapeau de 5 à 12 cm, en éventail, ocre-jaune uniforme, velouté, de 1 à 3 cm d'épaisseur. Pores ronds ou anguleux, roux. Chair molle.
Écologie Branches mortes de feuillus (chênes, hêtres, bouleaux…), plus rarement sur résineux. Toute l'année. Courant.
Non comestible.
Confusion *Trametes cinnabarina* pousse essentiellement sur le bois de cerisier.

49 BJERKANDERA ADUSTA

Polypore brûlé
Syn. lat. : *Polyporus adustus, Leptoporus adustus*

Description Chapeau de 4 à 10 cm, étalé, gris ocre, velouté ; marge noire. Chapeaux imbriqués. Pores arrondis, blanchâtres, puis grisonnants, et enfin noirâtres. Chair molle, élastique, d'abord blanche, puis grisâtre.
Écologie Sur branches mortes ou vivantes de feuillus ou de conifères. Toute l'année. Très commun.
Non comestible.
Confusion *Trametes versicolor* (polypore versicolore, **45**) à pores non grisonnants.

50 MERIPILUS GIGANTEUS

Polypore géant
Syn. lat. : *Polyporus giganteus*

Description En touffes volumineuses (jusqu'à 1 m de diamètre). Chapeaux disposés en étages, jaune sale à roux ; marge sinueuse et lobée. Pores crème, noircissant au toucher. Pieds soudés en une attache commune. Chair devenant vite coriace, blanche, rosissant, puis noircissant à la cassure.
Écologie Sur troncs et branches de feuillus (chênes, hêtres…). Été-automne. Assez courant.
Comestible médiocre À consommer jeune car il devient rapidement fibreux et coriace.

Le mycélium de ces champignons, comme celui de beaucoup de polypores, provoque la dégradation du bois qu'ils parasitent : c'est la pourriture blanche, qui peut affecter non seulement des troncs abattus, mais également le bois travaillé.

48

49

50

51 POLYPORUS BRUMALIS

Polypore d'hiver
Syn. lat. : *Leucoporus brumalis*

Description Chapeau de 4 à 10 cm, d'abord velouté, châtain ; marge enroulée, d'aspect variable selon le support. Pores ronds, blancs, puis crème. Pied central dur, ponctué de petites écailles brunes. Chair très coriace.
Écologie Sur bois mort de feuillus. Du printemps à l'automne. Assez courant.
Non comestible.
Confusion *Polyporus arcularius,* à pores très grands et polygonaux.

52 POLYPORUS VARIUS

Polypore variable

Description Chapeau de 5 à 12 cm, ondulé ou lobé, coriace, ocre jaune, brillant, déprimé au point d'attache avec le pied, à stries radiales. Pores petits, blanc crème, brunissants. Pied excentré, à base noire.
Écologie Sur bois mort de feuillus. De la fin du printemps à l'automne. Courant.
Non comestible.
Confusion *Polyporus durus* **(53)**, à chapeau non strié et au centre plus sombre.

53 POLYPORUS DURUS

Polypore à pied noir
Syn. lat. : *P. badius, P. picipes*

Description Chapeau de 8 à 20 cm, souvent asymétrique, brun foncé. Plus foncé au centre. Pores blanc crème, décurrents. Pied excentré, noir à la base.
Écologie Sur bois de feuillus et parfois sapins. Annuel. Peu courant.
Non comestible.
Confusions *Polyporus ciliatus,* à marge ciliée. *P. melanopus,* plus épais, sur bois enterré. *P. varius* **(52)**, à chapeau plus clair et fibrilleux.

On englobait auparavant dans le genre *Polyporus* (polypores au sens large) plus de 200 espèces. Aujourd'hui, des distinctions ont été établies et il ne reste plus qu'une dizaine d'espèces de ce genre. Elles ont pour caractéristiques d'être annuelles, de posséder un pied et de ne pas épouser la forme de leur substrat. Pour ces raisons, certains ont voulu les classer dans les Agaricales, aux côtés des lentins et des pleurotes. Mais leur position auprès des autres polypores est maintenant bien établie.

51

52

53

54 POLYPORUS SQUAMOSUS
Polypore écailleux
Syn. lat. : *Melanopus squamosus*

Description Chapeau de 10 à 30 cm semi-circulaire ou en éventail. Face supérieure beige à ocre, à écailles rousses ou brunes. Face inférieure à pores décurrents, blanchâtres, jaunissant sur le pied. Pied court (3 cm), dur, excentré, blanc, noirâtre à la base.
Écologie Sur troncs de feuillus vivants ou morts (saules, peupliers, ormes...). En groupes, parfois imbriqués les uns sur les autres. Toute l'année. Assez courant.
Comestible médiocre jeune.

55 STEREUM HIRSUTUM
Stérée hirsute

Description Coriace, plus ou moins arrondi (2 à 10 cm), plat, à chapeaux imbriqués, lobés, jaune à roux, les teintes claires alternant avec les teintes plus sombres. Face supérieure velue, face inférieure lisse.
Écologie Sur bois mort ou vivant de feuillus. Toute l'année. Très courant.
Non comestible.

56 CHONDROSTERUM PURPUREUM
Stérée pourpre
Syn. lat. : *Stereum purpureum*

Description Incrusté ou largement attaché à son support, bords relevés et ondulés. Chapeaux imbriqués. Face supérieure blanchâtre et couverte de poils raides. Face inférieure violet-pourpre, lisse, brunissant avec l'âge. Coriace.
Écologie Sur bois mort ou vivant, en station froide. Toute l'année. Courant.
Non comestible.

57 TELEPHORA TERRESTRIS
Téléphore terrestre

Description En éventail, ou en entonnoir, irrégulier, brun-rouge, à poils raides, marge claire ; couvert de fibres rayonnantes.
Écologie Sous conifères. Sur le sol, près des troncs, sur les branches, ou encore sur débris végétaux divers. Automne. Assez courant.
Non comestible.

Il existe de nombreuses espèces de stérées. Ce sont des champignons encroûtants, coriaces, tout comme certains polypores, dont elles se différencient par l'absence de tubes à la face inférieure. La stérée pourpre est responsable de la maladie du plomb, ou maladie du prunier, qui affecte les arbres fruitiers, et qui se manifeste par une décoloration des feuilles.

54

55

56

◁◁

57

58 PHELLODON NIGER

Phellodon noir
Syn. lat. : *Calodon niger*

Description Chapeau conique de 3 à 7 cm, vite déprimé au centre, lobé, blanchâtre, puis bleu-noir, velouté ou couvert de poils rugueux. Aiguillons fins, blancs, puis gris. Pied élargi à la base, noir. Chair coriace, également noirâtre.
Écologie Bois de conifères ou bois mixtes. En groupes. Automne. Peu courant.
Non comestible.

59 PHELLODON TOMENTOSUS

Phellodon tomenteux
Syn. lat. : *Calodon cyathiformis*

Description Chapeau de 2 à 4 cm, à marge claire et à centre roux, entièrement roussâtre ensuite (chapeaux souvent soudés entre eux). Aiguillons blancs. Pied brun, bosselé, irrégulier ; mycélium de même couleur que le pied, bien visible à la base de ce dernier.
Écologie Conifères. Sol acide. En groupes. Fin de l'été à mi-automne. Assez courant.
Non comestible.
Confusions *Phellodon confluens,* de teinte uniforme plus claire, vient sous feuillus. *Hydnum repandum* (hydne pied-de-mouton, **61**) est plus charnu, de teinte rousse beaucoup plus claire et à chapeaux en général non soudés.

60 SARCODON IMBRICATUM

Hydne imbriqué, barbe-de-bouc
Syn. lat. : *Hydnum imbricatum*

Description Chapeau jusqu'à 30 cm, irrégulier, très épais, parsemé de plaques imbriquées, gris-noir. Aiguillons longs, serrés, décurrents, blanc sale, brunissant avec l'âge. Pied court, épais, gris-brun. Chair blanchâtre. Coriace en vieillissant.
Écologie Bois de conifères de montagne. Automne. Peu courant à assez courant (uniquement dans le sud de la France).
Comestible médiocre Il a tendance à devenir trop coriace et trop amer avec l'âge.

On regroupe sous le nom d'hydnes des champignons très différents, mais tous pourvus d'aiguillons plus ou moins larges, lignicoles ou terricoles. Le meilleur hydne comestible est de loin *Hydnum repandum* (hydne pied-de-mouton, **61**).

58

59

60

61 HYDNUM REPANDUM

Hydne pied-de-mouton, langue-de-bœuf

Description Chapeau de 5 à 15 cm, épais, bosselé, dissymétrique, parfois lobé ; marge enroulée, blanc crème tendant à roussir. Aiguillons blancs à la face inférieure. Pied épais, souvent excentré, parfois difforme. Chair blanche et cassante.
Écologie Bois de feuillus (chênes) ou conifères. En groupes ou en cercles. Automne. Très commun.
Très bon comestible À chair ferme, presque jamais véreux. À consommer de préférence jeune, car il devient amer en vieillissant.
Confusion *Albatrellus ovinus* possède des pores à la place d'aiguillons.

62 HERICIUM CLATHROIDES

Hydne rameux
Syn. lat. : *H. coralloides, H. ramosum*

Description Forme volumineuse (jusqu'à 50 cm) à rameaux coralliformes portant de nombreux aiguillons de 1 à 2 cm, qui pendent à la face inférieure ; blanc crème à rosé, roussissant avec l'âge.
Écologie Sur troncs de feuillus (hêtres) ou de conifères (sapins). Fin de l'été à la fin de l'automne. Peu courant.
Comestible moyen Un peu amer, qu'il vaut mieux faire blanchir.
Confusions *Hericium erinaceus* non ramifié et à aiguillons plus longs. *Creolophus cirrhatus* **(64)**, également non ramifié.

63 AURISCALPIUM VULGARE

Hydne cure-oreille
Syn. lat. : *Hydnum auriscalpium*

Description Chapeau de 1 à 2 cm, semi-circulaire ou en forme de rein, brun, couvert de poils denses. Aiguillons longs de 1 à 2 cm, blanc sale, brunissants. Pied plus ou moins latéral, brun foncé, également poilu.
Écologie Sur cônes, notamment de pins, même enfouis dans le sol. Toute l'année. Assez courant.
Non comestible.

64 CREOLOPHUS CIRRHATUS

Dryodon ondulé
Syn. lat. : *Dryodon cirrhatum*

Description Chapeaux imbriqués, reliés à un tronc commun qui les fixe au support, blanc crème jaunissant avec l'âge. Face supérieure blanche, parsemée de petits aiguillons. Face inférieure à longs aiguillons serrés de 1 à 1,5 cm.
Écologie Sur feuillus. Fin de l'été et automne. Peu courant.
Non comestible.

61

62

63

◁◁

64

65 CRATERELLUS CORNUCOPIOIDES
Trompette-des-morts,
corne d'abondance, craterelle

Description Haut de 5 à 12 cm, en forme de cornet ou de trompette, creux jusqu'à la base ; marge recourbée vers le bas, devenant ondulée. Brun-noir vers l'intérieur, gris cendré, parfois plus foncé à l'extérieur. Pas de lames, seulement parfois quelques petits plis sur la face extérieure.
Écologie Bois de feuillus en plaine (chênes), conifères en montagne. En groupes serrés. Été, mais surtout automne. Très commun.
Très bon comestible À chair mince, parfumée, un peu élastique cependant. Employé surtout dans les sauces. Se sèche très facilement. Couramment vendu dans le commerce.
Confusions On ne peut le confondre qu'avec des espèces voisines, bonnes comestibles également : *Pseudocraterellus cinereus* et *Pseudocraterellus sinuosus* **(66)**, plus petites et de couleur moins foncée.

66 PSEUDOCRATERELLUS SINUOSUS
Chanterelle sinueuse

Description Chapeau de 2 à 5 cm, en forme d'entonnoir, nettement fibrillé, gris-brun ; marge très sinueuse, lobée. Face inférieure parcourue de plis ou de rides sinueuses, couverte d'une pruine blanche.
Écologie Bois de feuillus (chênes, châtaigniers...). En groupes. Fin de l'été et automne. Peu courant.
Bon comestible.
Confusions *Pseudocraterellus cinereus* à plis en forme de lames, très droits. Peu courant également. *Craterellus cornucopioides* (trompette-des-morts, **65**), plus grand, noirâtre, presque sans plis.

67 CANTHARELLUS LUTESCENS
Chanterelle jaunissante

Description Chapeau de 3 à 6 cm, mince, creusé en entonnoir, brun à gris ; marge ondulée. Plis peu marqués, jaune pâle vif, ou encore rosâtres. Pied jaune luminescent, creusé de sillons.
Écologie Pinèdes maritimes (Landes), ou autres résineux en montagne. En groupes. Automne (et même hiver dans le Sud-Ouest). Peu commun à très commun.
Très bon comestible Bien plus parfumé que *C. tubaeformis* (chanterelle en tube, **68**).
Confusions Autres chanterelles.

Les chanterelles ne possèdent pas de lames proprement dites, mais de simples plis sous le chapeau. Elles forment un ensemble de transition entre les champignons sans lames (Aphyllophorales) et les champignons à lames.

65

66

67

68 CANTHARELLUS TUBAEFORMIS

Chanterelle en tube, girolle grise

Description Chapeau de 2 à 7 cm, brun-jaune, en entonnoir ; marge ondulée. Plis décurrents d'abord jaunâtres, puis brunissant, de même que le pied.
Écologie Bois de conifères et, moins souvent, feuillus. En groupes nombreux. Automne (novembre et décembre.) Très commun.
Bon comestible À chair cependant un peu élastique.
Confusions Autres chanterelles.

69 CANTHARELLUS CIBARIUS

Chanterelle, girolle

Description Chapeau de 3 à 10 cm, d'abord un peu convexe, puis s'aplanissant jusqu'à se déprimer comme un entonnoir ; jaune doré. Plis très décurrents, jaune doré. Pied de même couleur. Chair jaune pâle, d'odeur fruitée.
Écologie Feuillus (chênes) ou conifères. Sol acide. Juin à octobre. Très commun.
Excellent comestible La chanterelle est d'autant plus intéressante qu'elle est très abondante certaines années, et jamais véreuse.
Confusions *Omphalotus olearius* (clitocybe de l'olivier, **342**), à chair jaune, très fibreux dans le pied **(tableau XII, p. 249)**. *Hygrophoropsis aurantiaca* (fausse girolle, **341**), à pied mince et brunissant.

70 GOMPHUS CLAVATUS

Chanterelle violette
Syn. lat. : *Nevrophyllum clavatum*

Description Cône renversé de 5 à 10 cm, un peu déprimé au sommet ; marge sinueuse, devenant lobée ; lilas, puis brun-jaune. Plis sinueux, boursouflés, violacés, puis brun-jaune. Pied court, souvent latéral, plus mince en bas, violet, devenant plus terne. Chair blanche et ferme.
Écologie Conifères (pins, sapins) surtout en montagne. Souvent en touffes. Fin de l'été et automne. Peu courant à assez courant selon les régions.
Bon comestible jeune Par la suite, légèrement amer. Ce champignon est apprécié pour sa chair plus tendre et moins parfumée que *Cantharellus cibarius* (girolle, **69**).
Confusion *Clavariadelphus truncatus*, jaune brunissant, à sommet boursouflé et sans plis.

Cantharellus cibarius (girolle, **69**) fait l'objet d'un commerce important, occupant le 2e rang après le cèpe de Bordeaux. Une partie non négligeable des girolles fraîches vendues en France vient des pays de l'Est, où elles sont abondantes et peu consommées.

68

69

70

71 CLAVARIADELPHUS PISTILLARIS
Clavaire en pilon

Description En forme de massue, de 8 à 30 cm de haut ; parfois très allongée, parfois courte et trapue ; jaune orangé, brunissant à maturité ; surface d'abord lisse, puis plissée. Chair blanche.
Écologie Bois de feuillus (hêtres surtout). Seul ou en groupes. Été-automne. Peu courant.
Non comestible À saveur très amère.
Confusions *Clavariadelphus truncatus,* en forme de cône renversé, à sommet plat et boursouflé, à saveur douce, vient sous conifères. Les autres clavaires simples non ramifiées sont beaucoup plus grêles.

72 CLAVULINA CRISTATA
Clavaire crêtée

Description Comme *C. cinerea* **(73)**, mais blanc. Son nom provient des extrémités de ses rameaux découpés en crête de coq.
Écologie Bois de feuillus ou de conifères. Au sol ou sur bois pourri. Été-automne. Courant.
Non comestible.

73 CLAVULINA CINEREA
Clavaire cendrée
Syn. lat. : *Clavaria cinerea*

Description Coralliforme (de 3 à 10 cm de haut), couleur de cendre ; rameaux aplatis et flexueux.
Écologie Au sol, sous feuillus. Automne. Commun.
Non comestible.

74 RAMARIA STRICTA
Clavaire droite

Description Forme buissonnante de 5 à 10 cm de haut, à rameaux verticaux, droits ; jaune à ocre, plus clair aux extrémités chez le jeune, brunissant au froissement. Chair amère et poivrée.
Écologie Sur branches mortes ou bois pourri. Été-automne. En groupes.
Non comestible.
Confusions *Clavulinopsis corniculata,* à chair non brunissante au froissement. *Clavaria abietina,* à rameaux terminés par deux ou trois dents courtes, de couleur olivâtre.

On a séparé les clavaires simples en forme de massue ou filiforme et à chair spongieuse des autres clavaires : elles ont pris le nom générique de *Clavariadelphus.*

71

72

◁◁

73

74

75 RAMARIA BOTRYTIS
Clavaire en chou-fleur, pied-de-coq
Syn. lat. : *Clavaria botrytis*

Description Ressemble à *R. aurea* **(76)**, mais les rameaux sont beaucoup plus courts et épais, aux extrémités dentées, rose vineux. En vieillissant, les couleurs ternissent.
Écologie Bois de feuillus (hêtres, bouleaux…). Été-automne. Assez courant.
Bon comestible Recherché par endroits. Odeur et saveur agréables. Se montre cependant légèrement purgatif. Afin d'éviter cet inconvénient, il vaut mieux délaisser les extrémités des rameaux et le faire blanchir.
Confusions *Ramaria formosa* **(77)**, à rameaux roses, et *Ramaria pallida*, à rameaux beiges, tendent également à brunir avec l'âge.

76 RAMARIA AUREA
Clavaire dorée

Description Ensemble volumineux en forme de corail, à rameaux dressés (de 10 à 15 cm de haut) droits ou tortueux, courtement divisés au sommet ; jaune doré, plus foncé aux extrémités. Pied massif blanchâtre. Chair cassante à saveur douce.
Écologie Bois de feuillus (hêtres) et bois mêlés, en saison humide. Été-automne. Assez courant, surtout dans le Sud.
Comestible jeune Ensuite, coriace et indigeste.
Confusion *Ramaria formosa* **(77)**, à rameaux rosâtres jaunes au sommet.

77 RAMARIA FORMOSA
Clavaire jolie

Description et Écologie Comme *R. aurea* **(76)**, mais à rameaux teintés de rose (rose saumoné), sauf aux extrémités, qui sont jaune citron ; la couleur devient uniformément ocre avec l'âge. Chair purpurine à la coupe, de saveur un peu amère.
Toxique Provoque des diarrhées persistantes.

78 SPARASSIS CRISPA
Clavaire crépue,
morille blanche, chou-fleur

Description Masse crépue (de 10 à 40 cm de diamètre) ressemblant à un chou-fleur ; rameaux en lanières, très nombreux, sinueux, incisés aux extrémités ; blanchâtre devenant ocre.
Écologie Bois de conifères (pins…). Automne. Assez courant (surtout en montagne).
Bon comestible jeune Devient caoutchouteux et un peu laxatif avec l'âge. Se prépare surtout à la crème.
Confusion *Ramaria formosa* **(77)**, à rameaux cylindriques rose et jaune, tend également à roussir avec l'âge.

75

76

77

78

79 LENTINELLUS COCHLEATUS

Lentin en colimaçon
Syn. lat. : *Lentinus cochleatus*

Description Chapeau de 3 à 8 cm, de formes variées, fauve-roux ; marge enroulée. Lames serrées, très décurrentes, dentées, crème. Pied excentré, fibreux, creusé de sillons, souvent torsadé, de la couleur du chapeau. Chair élastique à forte odeur d'anis.
Écologie Base des troncs ou souches de feuillus et parfois de conifères. En touffes de chapeaux imbriqués. Fin de l'été et automne. Assez courant.
Comestible jeune Devient coriace avec l'âge.
Confusion *Pleurotus ostreatus* (pleurote en forme d'huître, **85**), à lames et pied blancs, non anisé.

80 PANELLUS STIPTICUS

Panelle stiptique

Description Chapeau en forme de rein (de 1 à 4 cm) ocre ou fauve pâle, à surface craquelée. Lames crème à cannelle. Pied excentré, inférieur à 2 cm, plus épais au niveau du chapeau, ocre jaune. Chair coriace, très amère.
Écologie Sur bois mort et souches de feuillus. En groupes. Toute l'année. Courant.
Non comestible.
Confusions Les autres champignons de même habitat et d'aspect semblable n'ont pas de pied (lenzites, coriolus). Reconnaissable par son pied plus épais à l'attache avec le chapeau et par ses lames cannelle.

81 PANUS CONCHATUS

Panelle en corne
Syn. lat. : *P. torulosus*

Description Chapeau de 5 à 10 cm, ocre roux ; marge enroulée se fendillant avec l'âge. Lames très décurrentes, plus claires que le chapeau, à reflets rougeâtres. Pied excentré, inférieur à 4 cm. Chair élastique.
Écologie Sur souches et branches de feuillus. En touffes. Du printemps à l'automne. Assez courant.
Non comestible.

82 LENTINUS TIGRINUS

Lentin tigré

Description Chapeau de 4 à 10 cm, creusé en entonnoir, à bordure enroulée vers le bas, parfois profondément fendue ; blanc, ponctué de petites écailles rousses ou brunes, plus denses dans le creux central. Lames serrées, décurrentes, blanc crème. Pied rigide, parfois excentré, de même couleur que le chapeau, également parsemé d'écailles.
Écologie Souches et branches pourrissantes de feuillus (peupliers, saules). En touffes. Été-automne. Peu courant.
Comestible jeune Devient coriace avec l'âge.

79 ◁◁

80

81

82

83 PLEUROTUS ERYNGII

Pleurote du panicaut,
panicaut, argouane

Description Chapeau de 5 à 10 cm, dissymétrique, beige à brun ; marge enroulée. Lames espacées, blanc crème, décurrentes. Pied souvent excentré, courbé, blanc.

Écologie Lieux incultes, landes, partout où pousse le chardon panicault ; également sur les sols du littoral en compagnie du chardon maritime. Du printemps à l'automne. Assez commun dans le Midi, dans le Centre et sur le littoral.

Excellent comestible À chair très parfumée, bien connu dans les régions de croissance. C'est le meilleur des pleurotes, qui est même considéré comme l'un des meilleurs champignons.

84 PLEUROTUS CORNUCOPIAE

Pleurote corne d'abondance

Description Chapeau de 4 à 12 cm, en cornet ou en spatule, blanc crème à beige ocre. Lames décurrentes jusqu'à la base du pied, où elles forment un réseau. Pieds assez longs, blancs, réunis à la base pour former une touffe.

Écologie Sur souches et branches mortes de feuillus (ormes, peupliers, saules, mais aussi chênes, hêtres…). En touffes. Printemps à la fin de l'été. Assez courant (surtout dans le Sud).

Comestible À consommer jeune de préférence, comme tous les pleurotes, qui ont tendance à devenir coriaces et véreux avec l'âge.

Confusions *Omphalotus olearius* (pleurote de l'olivier, **342**), de couleur orangée. *Pleurotus ostreatus* (pleurote en forme d'huître, **85**), à lames non décurrentes jusqu'à la base du pied et dont l'apparition est plus tardive.

85 PLEUROTUS OSTREATUS

Pleurote en forme d'huître, oreillette

Description Chapeau de 5 à 15 cm formant des touffes compactes. Couleur variable, beige, gris, brun… Lames décurrentes, blanches. Pied excentré, courbé, très court, hérissé de poils blancs.

Écologie Sur souches ou sur troncs morts de feuillus (peupliers, saules, noyers, chênes…), bordures de cours d'eau. En touffes compactes. Automne-début hiver. Assez courant.

Très bon comestible À récolter de préférence jeune, avant que le chapeau ne soit complètement étalé, car il devient vite véreux et un peu coriace avec l'âge (surtout le pied, qu'il vaut mieux éliminer).

Contrairement au champignon de Paris, le pleurote est plutôt cultivé de façon artisanale, sur des substrats divers (paille de céréales). Dans d'autres pays, on utilise des rafles de maïs, des écorces broyées, de la paille de riz, etc.

83

84

85

86 CUPHOPHYLLUS PRATENSIS

Hygrophore des prés
Syn. lat. : *Camarophyllus pratensis, Hygrophorus pratensis*

Description Chapeau de 5 à 10 cm à mamelon très épais ; orangé ou fauve. Lames crème, puis jaune ocre, très espacées, décurrentes. Pied assez épais, crème, s'amincissant à la base.
Écologie Prairies, bordures de chemins. Automne. Peu courant à assez courant (surtout en montagne).
Très bon comestible C'est le meilleur des hygrophores.

87 CUPHOPHYLLUS VIRGINEUS

Hygrophore blanc de neige
Syn. lat. : *Hygrophorus niveus*

Description Chapeau de 1 à 4 cm, blanc pur ou marqué de rouge, jaunissant à l'humidité et avec l'âge. Lames très espacées, décurrentes, blanches. Pied sinueux, blanc, nuancé de rougeâtre vers la base.
Écologie Prairies et pâturages humides. En groupes. Automne et début de l'hiver. Assez courant à très courant (surtout en montagne).
Très bon comestible Mais sa petite taille reste un inconvénient.
Confusions Les clitocybles blancs toxiques, qui poussent également dans les prés, ont des lames.

88 HYGROCYBE CONICA

Hygrophore conique
Syn. lat. : *Hygrophorus conicus*

Description Chapeau conique, de 3 à 5 cm, pointu à marge striée souvent fendue, visqueux ; jaune orangé à rouge, noircissant au toucher et avec l'âge. Lames épaisses blanches devenant noires. Pied jaune soufre noircissant ensuite. Chair blanchâtre noircissant également à l'air.
Écologie Prés, bord des chemins. Dès le printemps, mais surtout l'été et en automne. Assez courant.
Peut être toxique ou même mortel selon certains De toute manière, sans aucune valeur culinaire.

89 HYGROCYBE PUNICEA

Hygrophore rouge porceau

Description Chapeau de 5 à 12 cm, d'abord conique avant de s'étaler en restant plus ou moins mamelonné, visqueux, surtout à l'humidité ; rouge sang, plus clair avec l'âge. Lames espacées, jaunes à orange vif. Pied jaune orangé, blanc à la base.
Écologie Pâturages de montagne. Fin de l'été et automne. Peu courant.
Assez bon comestible.
Confusions Il existe de nombreuses espèces d'hygrophores rouges. *H. punicea* est le plus grand de tous.

86 ◁◁

87

88

89

90 HYGROCYBE COCCINEA
Hygrophore cochenille, hygrophore écarlate

Description Chapeau de 2 à 5 cm, rouge vif se décolorant avec l'âge. Lames jaunes à rouges. Pied de même couleur, mais jaunâtre à la base, devenant aplati. Chair jaune orangé.
Écologie Prairies. Automne. Assez courant.
Comestible sans intérêt.

91 HYGROCYBE MINIATA
Hygrophore vermillon
Syn. lat. : *Hygrophorus miniatus*

Description Chapeau de 1 à 4 cm, couvert de petites écailles, rouge pâle à rouge vif. Lames jaunes à rouges. Pied jaune orangé. Chair orangée.
Écologie Pelouses, clairières herbeuses, lieux humides. Été-automne. Assez courant.
Comestible médiocre.
Confusion Il n'est pas facile de le déterminer avec certitude car il existe de nombreuses espèces de petits hygrophores rouges ou orangés.

92 HYGROCYBE PSITTACINA
Hygrophore perroquet

Description Chapeau de 2 à 5 cm, mamelonné, à marge striée, très visqueux ; vert ou bariolé de jaune orangé et vert, pouvant devenir rougeâtre en vieillissant. Lames jaune-vert. Pied visqueux, de même couleur. Chair également jaune-vert.
Écologie Prairies et pâturages. Automne. Assez courant.
Comestible sans intérêt Présente de nombreux défauts : trop petit, trop gluant, trop insipide.
Confusion On ne peut le confondre car la couleur verte est rare dans le monde des champignons.

93 HYGROPHORUS COSSUS
Hygrophore à odeur de Cossus

Description Comme *H. eburneus* **(95)**, mais moins visqueux, plus trapu et à odeur forte et désagréable.
Écologie Surtout dans les chênaies thermophiles du sud de la France. Été-automne. Assez courant.
Comestible Mais son odeur suffit à décourager les candidats.
Confusion Il est parfois classé comme variété de *H. eburneus* **(95)**. Son nom provient de son odeur, qui rappellerait celle de la chenille du papillon Cossus.

90

91

92

◁◁

93

94 HYGROPHORUS PUDORINUS

Hygrophore pudibond

Description Chapeau de 8 à 12 cm. Orangé à fauve, très visqueux. Lames arquées, blanches, puis rousses. Pied épais blanchâtre, un peu ocre à la base, légèrement visqueux.
Écologie Bois de conifères. Sol plutôt calcaire. Automne. Assez courant en montagne et moyenne montagne.
Comestible médiocre À odeur de résine.
Confusion *H. poetarum* **(96)**, plus rosâtre et jamais sous conifères.

95 HYGROPHORUS EBURNEUS

Hygrophore blanc d'ivoire

Description Chapeau de 5 à 10 cm, blanc, puis crème avec l'âge, très visqueux. Lames espacées, blanches. Pied élancé, blanc, très visqueux, aminci à la base.
Écologie Bois de feuillus (hêtres). Été-automne. Assez courant.
Comestible sans intérêt Trop visqueux.
Confusions Il existe de nombreux hygrophores blancs pas toujours faciles à différencier. La couleur de *H. eburneus* est toujours d'un blanc pur et son habitat préféré est le bois de hêtres.

96 HYGROPHORUS POETARUM

Hygrophore des poètes

Description Chapeau de 5 à 20 cm, charnu, rosâtre ou rouge pâle, légèrement visqueux ; marge enroulée. Lames crème un peu rosissantes. Pied blanc, robuste. Chair blanche.
Écologie Bois et taillis de feuillus (hêtres). Sol calcaire. Fin de l'été et automne. Peu courant (surtout dans le sud de la France).
Très bon comestible.
Confusion *H. pudorinus* **(94)**, à odeur de résine et à chair rose sous la cuticule du chapeau, vient uniquement sous conifères.

97 HYGROPHORUS RUSSULA

Hygrophore russule

Description Chapeau de 10 à 20 cm, charnu, légèrement visqueux, pourpre ou brun-rouge, ou marqué de taches rouges sur fond pâle ; marge enroulée, crème. Lames serrées, blanches, se tachant de brun-pourpre avec l'âge. Pied épais, blanc, parfois maculé de rose.
Écologie Bois de feuillus (hêtres, chênes, chênes verts). Automne. Assez courant, principalement dans le sud de la France.
Bon comestible Un peu amer s'il n'est pas récolté jeune.

94

95 ◁◁

96

97

98 HYGROPHORUS MARZUOLUS
Hygrophore de mars

Description Chapeau de 5 à 15 cm, ondulé ou bosselé, gris-noir, mais pouvant être presque blanc chez le jeune. Lames espacées, blanches, puis grises. Pied épais, court, ferme, blanc, puis gris.
Écologie Bois de feuillus (hêtres, châtaigniers) ou de conifères. En groupes. Février à mai (même sous la neige). Rare à assez courant, surtout en montagne (Pyrénées, Alpes, Jura).
Excellent comestible pour beaucoup, médiocre pour certains.
Confusion Pas de confusion possible étant donné sa couleur et sa période d'apparition.

99 HYGROPHORUS AGATHOSMUS
Hygrophore à odeur agréable

Description Chapeau de 5 à 10 cm. Gris-beige, plus clair sur la bordure, très visqueux. Lames espacées, décurrentes, blanches. Pied ponctué de petits flocons au sommet. Forte odeur d'amandes amères.
Écologie Bois de conifères (épicéas). Fin de l'été et automne. Assez courant en montagne.
Comestible médiocre À parfum trop puissant. On peut toutefois aromatiser un plat avec quelques spécimens.
Confusion *Hygrophorus hyacinthinus,* à odeur de violette, rare.

100 HYGROPHORUS HYPOTHEJUS
Hygrophore à lames soufre

Description Chapeau de 3 à 7 cm, fibrilleux, très visqueux, se creusant au centre en vieillissant ; gris-brun à brun violacé. Lames espacées, décurrentes, d'abord blanches, puis jaune orangé vif. Pied long et mince, très visqueux, jaune orangé.
Écologie Bois de conifères (pins). Fin de l'automne et hiver. Assez courant.
Comestible médiocre Trop gluant.
Confusion *Hygrophorus aureus,* à pied grisâtre.

101 CLITOCYBE CLAVIPES
Clitocybe à pied en massue

Description Chapeau gris-brun de 5 à 10 cm, à centre un peu déprimé avec un mamelon. Lames très décurrentes, crème ou jaunâtre. Pied largement renflé vers la base (forme de massue), ocre brun. Chair très spongieuse et gorgée d'eau.
Écologie Bois de feuillus ou de conifères. Été-automne. Très courant.
Non comestible.
Confusions *Clitocybe nebularis* **(104)** plus grand. *Clitocybe gibba* **(103)**, de couleur plus claire.

98

99

◁◁

100

101

102 CLITOCYBE GEOTROPA

Clitocybe géotrope,
tête-de-moine

Description Chapeau de 10 à 20 cm, d'abord plat et mamelonné, puis se creusant profondément, mais toujours mamelonné ; beige à ocre pâle. Lames décurrentes, crème ou beiges. Pied très épais, s'épaississant vers la base, blanchâtre.
Écologie Bois aérés de feuillus, pâturages. En groupes formant des cercles ou en lignes. Sol calcaire. Automne. Assez courant.
Bon comestible jeune Trop dur si trop âgé. Éliminer le pied, qui est trop fibreux. Séché en lamelles, il peut agrémenter certaines sauces.
Confusions *Entoloma lividum* **(220)**, à lames non décurrentes, jaunes, puis roses. *Clitocybe phyllophila,* plus petit, couvert de duvet blanc à la base du pied.

103 CLITOCYBE GIBBA

Clitocybe en entonnoir
Syn. lat. : *C. infundibuliformis*

Description Chapeau de 5 à 10 cm, d'abord mamelonné, puis creusé en entonnoir, crème à ocracé. Lames très décurrentes, blanches.
Écologie Bois de feuillus et bois mêlés. Été-automne. Très courant.
Bon comestible Rejeter le pied trop fibreux.
Confusion *Clitocybe geotropa* **(102)** est plus grand, à pied beaucoup plus épais.

104 CLITOCYBE NEBULARIS

Clitocybe nébuleux
Syn. lat. : *Lepista nebularis*

Description Chapeau de 8 à 20 cm, souvent mamelonné, grisâtre. Lames serrées décurrentes, blanches à crème. Pied gris, renflé à la base.
Écologie Bois clairs de feuillus ou de conifères. Fin de l'automne et début de l'hiver jusqu'aux fortes gelées. Très courant.
Bon comestible jeune pour certains, médiocre pour d'autres, voire indigeste Il est conseillé de bien le faire cuire car il renferme des substances plus ou moins toxiques détruites par la chaleur.
Confusions Fréquemment confondu avec *Entoloma lividum* **(220)**, à chapeau fibrilleux, à lames non décurrentes, jaunes, puis roses. *Clitocybe clavipes* **(101)**, à pied beaucoup plus renflé.

Les clitocybes sont de formes et de couleurs peu variées, et il n'est pas aisé de les différencier. Si les spécimens répertoriés dans cette page peuvent agrémenter un repas, il faut se méfier de ceux qui renferment de la muscarine. Surtout, ne jamais manger de clitocybes de couleur blanche. En règle générale, on ne devrait jamais consommer de petits champignons blancs.

102

103

104

105 CLITOCYBE ODORA
Clitocybe à odeur d'anis

Description Chapeau de 4 à 8 cm, d'abord convexe, puis s'étalant, gris-vert ou vert glauque ; marge ondulée. Lames légèrement décurrentes, blanc sale. Pied également blanc sale, recouvert d'un duvet blanc à la base. Odeur et saveur très fortement anisées.
Écologie Bois de feuillus (hêtres) ou de conifères (épicéas). En groupes. Été-automne. Courant.
Comestible Très parfumé (trop, peut-être) ; quelques chapeaux suffisent pour aromatiser un plat.
Confusion Très polymorphe, mais son odeur d'anis est constante et permet d'éviter la confusion avec d'autres clitocybes.

106 CLITOCYBE PITYOPHILA
Clitocybe des résineux

Description Chapeau de 7 à 12 cm, à revêtement givré, blanc, couvert d'une pruine mate. Lames serrées, peu décurrentes, blanc crème. Pied plus large à la base, souvent courbé couvert de duvet blanc.
Écologie Bois de résineux. En cercle, peuplé de nombreux individus. Été-automne. Assez courant.
Toxique.
Confusion *Clitopilus prunulus* (clitopile petite prune, **223**), à lames très décurrentes, rosâtres, à chapeau pruineux **(tableau VI, pp. 238-241).**

107 CLITOCYBE DEALBATA
Clitocybe blanchi

Description Chapeau de 3 à 5 cm, devenant plat ou légèrement déprimé, mamelonné ou non, blanc crème plus ou moins taché de roux. Lames inégales, un peu décurrentes, blanchâtres, puis ocre pâle. Pied droit ou courbé, court (3 cm), blanchâtre.
Écologie Pâturages, bordures herbeuses, pelouses, parcs. Fin de l'été et automne. Courant.
Très toxique À forte teneur en muscarine.
Confusion *Clitopilus prunulus* (clitopile petite prune, **223**), à lames très décurrentes, blanches, puis rosées, à forte odeur de farine et à habitat sylvestre **(tableau VI, pp. 238-241).**

108 CLITOCYBE CANDICANS
Clitocybe blanc

Description Chapeau de 1 à 3 cm, blanc pur, lames blanches.
Écologie Pelouses, taillis, lieux herbeux, clairières. Assez courant.
Très toxique Renferme de la muscarine.
Confusions Les clitocybes blancs sont difficiles à différencier. Cependant *C. candicans* possède la caractéristique d'être à la fois très blanc et très petit **(tableau VI, pp. 238-241).**

105
◁◁

106

107

108

109 CLITOCYBE VIBECINA

Clitocybe strié

Description Caractères identiques à *C. decembris* **(110)**.
Écologie Bois mixtes ou de conifères, en zone humide. Automne. Assez courant.
Comestible très médiocre.

110 CLITOCYBE DECEMBRIS

Clitocybe à deux couleurs
Syn. lat. : *C. dicolor*

Description Chapeau de 3 à 6 cm, convexe, puis déprimé, brun-jaune, plus foncé au centre. Lames grises. Pied gris pâle plus foncé à la base.
Écologie Bois de feuillus ou de conifères. Fin de l'automne et hiver. Très courant.
Non comestible.

111 ARMILLARIA MELLEA

Armillaire couleur de miel

Description Chapeau de 5 à 10 cm (jusqu'à 20 cm), habituellement couleur de miel, mais pouvant varier selon l'espèce parasitée, ponctué de petites écailles brunes. Lames blanches, puis rouille. Pied de la couleur du chapeau, plus clair et strié au-dessus de l'anneau ; anneau blanc-jaune. Chair blanche, ferme dans le chapeau, très fibreuse et amère dans le pied.
Écologie Sur souches ou arbres vivants (feuillus et conifères), parfois sur racines. En touffes. Automne. Très commun.
Bon comestible jeune Indigeste s'il est trop âgé. Le pied, trop fibreux, doit être éliminé. Bien le faire cuire afin de faire disparaître son amertume. La chair devient noire à la cuisson.
Confusions *Pholiota squarrosa* (pholiote écailleuse, **280**), sans anneau blanc, a un pied non strié au-dessus de l'anneau. *Kuehneromyces mutabilis* (pholiote changeante, **277**), à chapeau lisse et à saveur douce.

112 RICKENELLA FIBULA

Omphale bibelot
Syn. lat. : *Omphalina fibula, Mycena fibula*

Description Chapeau de 0,5 à 1 cm, orange, à dépression centrale. Lames décurrentes, blanches. Pied très mince (1 à 2 mm) également orange, plus pâle.
Écologie Sur la mousse. Toute l'année. Assez courant.
Comestible sans intérêt.
Confusions *Gerronema ericetorum* **(113)**, de même habitat, mais de couleur jaune. *Rickenella setipes,* de couleur plus foncée, ou violacée. Ces petits champignons nécessitent un examen microscopique si l'on veut déterminer leur espèce.

109

110

111
◁◁

112

113 GERRONEMA ERICETORUM
Omphale lichenisée
Syn. lat. : *Omphalina umbellifera, Phytoconis ericetorum*

Description Chapeau de 1 à 2 cm, beige à brun-jaune, strié. Lames jaunes, espacées, décurrentes. Pied grêle, jaune, poilu et blanchâtre à la base.
Écologie Sur le bois pourri, dans les milieux toubeux. Été-automne.
Comestible sans intérêt Comme toutes les omphales.
Confusion *Rickenella fibula* **(112)**, de couleur orangée.

114 LACCARIA AMETHYSTINA
Mousseron des bois, améthyste
Syn. lat. : *Clitocybe amethystea*

Description Chapeau de 2 à 7 cm, mince, à marge enroulée, puis ondulée ; violet améthyste vif, devenant lilas pâle en séchant. Lames très espacées, de même couleur que le chapeau, saupoudrées de blanc à maturité. Pied long et mince, souvent sinueux, fibreux, violet. Chair violacée.
Écologie Bois de conifères ou de feuillus. Sol très humide. En groupes. Été-automne. Très courant.
Bon comestible Mais uniquement le chapeau.
Confusions Lorsque les couleurs sont moins vives, attention à la confusion avec *Mycena pura* (mycène pur, **155**), à odeur de radis, au chapeau mamelonné et aux lames serrées. La variété *lilacina* de *Inocybe geophylla* **(235)** a un chapeau mamelonné et des lames brunissantes **(tableau VIII, p. 243).**

115 LACCARIA LACCATA
Clitocybe laqué

Description et écologie Ressemble beaucoup à *L. amethystina* **(114)**, mais de couleur rose orangé ou rousse. Les deux espèces cohabitent souvent.
Comestible Un peu moins apprécié que son sosie violet.
Confusion Les petits cortinaires, ainsi que *Galerina marginata* **(276)**, ont des lames beaucoup plus serrées **(tableau X, pp. 245-247).**

116 TRICHOLOMA SAPONACEUM
Tricholome à odeur de savon

Description Chapeau de 5 à 15 cm, blanchâtre à brunâtre, parfois nuancé de jaune ou de roux. Lames espacées, blanchâtres, grisonnantes ou roussissantes. Pied blanc sale à gris foncé. Chair blanche, tachée de rose à la base du pied, à forte odeur de savon.
Écologie Sous les conifères, en montagne (épicéas), et sous les feuillus, en plaine (chênes). Automne. Courant.
Toxique.
Confusion *Lyophyllum decastes* **(135)** n'a pas d'odeur de savon.

113
◁◁

114

115

116

117 TRICHOLOMA SULPHUREUM
Tricholome soufré

Description Chapeau de 3 à 10 cm, jaune soufre, parfois à nuances rousses. Lames très espacées, jaune soufre. Pied jaune soufre, à stries longitudinales. Chair jaune vif à odeur désagréable de soufre (odeur de gaz d'éclairage).
Écologie Bois de conifères ou de feuillus. Automne. Assez courant.
Non comestible, peut être toxique Son odeur suffit à l'identifier.
Confusion *Tricholoma equestre* **(122)**, plus trapu, inodore, à chair blanche ou jaune pâle.

118 TRICHOLOMA PARDINUM
Tricholome tigré
Syn. lat. : *T. tigrinum*

Description Chapeau de 8 à 20 cm, épais, à écailles grises régulièrement disposées sur un fond plus pâle, donnant un aspect tigré. Lames serrées, blanc sale. Pied très épais, ventru, blanc ou teinté d'ocre. Odeur farineuse.
Écologie Sapinière ou hêtraie. Sol calcaire. En groupes. Automne. Peu courant à courant selon les lieux.
Toxique Provoquant de sérieuses perturbations gastriques pendant plusieurs jours.
Confusions *Tricholoma terreum* (tricholome terreux, **120**) et *Tricholoma portentosum* (tricholome prétentieux, **123**), tous deux plus petits, à chapeau non tigré et à pied non ventru.

119 TRICHOLOMA VIRGATUM
Tricholome vergeté

Description Chapeau de 4 à 8 cm, d'abord conique, puis s'étalant, mais gardant un mamelon central ; gris cendré strié de fibrilles noires. Lames et pied blancs. Chair âcre, poivrée.
Écologie Conifères, feuillus. Fin de l'été et automne. Assez courant.
Non comestible Trop âcre.
Confusion *Tricholoma terreum* (tricholome terreux, **120**), à saveur neutre.

Les tricholomes sont des champignons assez massifs, à pied robuste. *Tricholoma pardinum* **(118)** est le seul champignon toxique du genre. Il provoque de douloureuses gastro-entérites.

117

118

119

120 TRICHOLOMA TERREUM

Tricholome terreux,
petit gris, charbonnier

Description Chapeau de 4 à 8 cm, d'abord conique ; entièrement recouvert de fibrilles écailleuses gris souris. Lames blanches, puis grises (couleur de terre). Pied blanc, soyeux, parfois grisonnant.
Écologie Bois de conifères (pins) et bois mêlés. En groupes nombreux. Automne et même hiver dans les régions à climat doux. Assez courant.
Bon comestible Surtout apprécié dans le sud de la France.
Confusions *Tricholoma pardinum* **(118)**, à chapeau tigré et à pied volumineux. *T. virgatum* **(119)**, à chapeau fribrilleux, mais non écailleux.

121 TRICHOLOMA COLUMBETTA

Tricholome colombette

Description Chapeau de 5 à 10 cm, ondulé, soyeux, blanc pur, parfois taché de rose ou de bleu. Lames très serrées, blanches. Pied un peu sinueux, blanc, avec parfois à la base les mêmes reflets colorés que le chapeau.
Écologie Bois de feuillus (hêtres, châtaigniers, bouleaux), plus rare sous les conifères. Sol acide. Automne (septembre-octobre). Assez courant.
Bon comestible Il n'est jamais attaqué par les larves. Mais il ne pousse qu'en petits groupes. Sa chair devient rose à la cuisson.
Confusion *Entoloma lividum* (entolome livide, **220**), à lames jaunes, rosissantes **(tableau VI, pp. 238-241).** Les amanites blanches possèdent une volve et un anneau.

122 TRICHOLOMA EQUESTRE

Tricholome équestre, canari,
chevalier, jaunet
Syn. lat. : *T. flavovirens, T. auratum*

Description Chapeau de 5 à 10 cm. Jaune vif, pouvant varier entre le verdâtre et le fauve, moucheté de roux. Lames très serrées, jaune vif, roussissant avec l'âge. Pied jaune, chair blanche à jaune.
Écologie Conifères (pins maritimes sur le littoral, pins sylvestres ailleurs), rarement sous les feuillus. Sol acide, sableux. Automne. Très courant, même en montagne (abondant dans la forêt landaise).
Très bon comestible À chair ferme, vendu frais ou en conserve.
Confusions *Tricholoma sulphureum* **(117)**, à chair jaune vif et à odeur désagréable. *Cortinarius splendens* (cortinaire resplendissant, **265**), à chair jaune vif et en sol calcaire **(tableau IX, p. 244).** *Amanita phalloides* (amanite phalloïde, **212**), à volve et à anneau.

120

121

122

123 TRICHOLOMA PORTENTOSUM
Tricholome prétentieux,
petit gris, charbonnier

Description Chapeau de 5 à 15 cm, mamelonné, visqueux, grisâtre, à fibrilles noirâtres, teinté de jaune par endroits. Lames blanchâtres à reflets jaunes. Pied blanc, également teinté de jaune, élargi à la base. Chair blanche tachée de jaune.
Écologie Conifères (pins, épicéas…), surtout en montagne, rarement sous feuillus. Automne. Courant.
Très bon comestible Très recherché dans les zones de croissance, où il peut être très abondant certaines années. En cas de viscosité, il est conseillé d'ôter la cuticule.
Confusions *Tricholoma virgatum* **(119)**, à chapeau gris argenté, de saveur âcre. *Tricholoma sejunctum*, amer. *Amanita phalloides* (amanite phalloïde, **212**), à anneau et volve **(tableau II, pp. 230–233).**

124 TRICHOLOMA IMBRICATUM
Tricholome imbriqué

Description Chapeau de 3 à 10 cm, à large mamelon et à marge enroulée, d'abord lisse, puis rendu granuleux par une multitude de fibrilles imbriquées ; brun-fauve. Lames blanc crème, roussissant par endroits. Pied blanc tout au sommet, de la couleur du chapeau ailleurs, finement méchuleux. Chair blanche.
Écologie Clairières et bordures des bois de conifères (pins), et bois mêlés. Sur terrain sec. Automne. Assez courant.
Comestible médiocre.
Confusion *Tricholoma vaccinum,* à port plus grêle, à chapeau plus méchuleux et à chair rosissante.

125 TRICHOLOMA FULVUM
Tricholome jaune et brun
Syn. lat. : *T. flavobrunneum*

Description Chapeau de 5 à 10 cm, visqueux, brun-roux. Lames jaune citron roussissant. Pied de la couleur du chapeau, parfois marqué de jaune. Chair blanche dans le chapeau, jaune citron dans le pied, à odeur farineuse.
Écologie Bois de feuillus ou mixtes (avec présence de bouleaux). Sol humide. Fin de l'été et automne. Courant.
Comestible très médiocre.
Confusions *Tricholoma imbricatum* (tricholome imbriqué, **124**), à lames et à chair blanches. *Tricholomopsis rutilans* (tricholome rutilant, **128**), poussant sur les souches.

On appelle souvent, sans les distinguer, « petit gris » ou « charbonnier » deux espèces différentes : *T. terreum* **(120)** et *T. portentosum* **(123)**, toutes deux d'une très bonne comestibilité.

123

124

125

126 TRICHOLOMA USTALE
Tricholome brûlé

Description Chapeau de 4 à 8 cm, brun-roux. Lames blanches, roussissant, puis noircissant. Pied blanc au sommet, roussâtre vers le bas. Chair blanche.
Écologie Feuillus (hêtres…). Fin de l'été et automne. Assez courant.
Non comestible.

127 TRICHOLOMA USTALOIDES
Tricholome comme brûlé

Description et écologie Comme *Tricholoma ustale* **(126)**, mais de couleur plus sombre, et à forte odeur de farine. De plus, les couleurs blanc et roux du pied sont nettement délimitées.
Non comestible.

128 TRICHOLOMOPSIS RUTILANS
Tricholome rutilant, pleurote rutilant
Syn. lat. : *Tricholoma rutilans*

Description Chapeau de 5 à 15 cm, pourpre ou rouge brique velouté. Ensuite, la cuticule se craquelle en petites écailles sur un fond jaune. Lames serrées, jaunes. Pied jaune ponctué d'écailles rougeâtres. Chair jaune pâle à saveur un peu amère.
Écologie Souches de conifères pourris, branches mortes. Souvent en touffes. Fin de l'été et automne. Courant.
Non comestible.
Confusion *Tricholoma decorum,* jaune doré et plus petit.

129 LEPISTA INVERSA
Clitocybe inversé
Syn. lat. : *Clitocybe inversa*

Description Chapeau de 5 à 10 cm, d'abord plan, puis en entonnoir, ocre à brun-roux. Lames très serrées et très décurrentes, un peu plus claires que le chapeau. Pied court (5 cm au maximum) et mince, de même couleur que les lames.
Écologie Bois de feuillus ou de conifères. En groupes. Été-automne. Très courant.
Comestible moyen.

Les tricholomes ont des lames dites « émarginées », c'est-à-dire qu'elles sont échancrées (comme une entaille) au point de raccordement avec le pied.

126
◁◁

127

128

129

130 LEPISTA PANAEOLUS

Tricholome argouane
Syn. lat. : *Rhodopaxillus panaeolus*

Description Chapeau de 5 à 10 cm, gris-beige, souvent marqué de petites dépressions plus foncées disposées en cercle. Lames blanches à grises. Pied court, blanchâtre.
Écologie Pâturages. En cercles ou en lignes. Automne. Assez courant.
Bon comestible Mais certaines personnes le trouvent indigeste.
Confusion *Clitocybe dealbata* **(107)**, ordinairement blanc, mais pouvant roussir par plaques.

131 LEPISTA NUDA

Pied-bleu
Syn. lat. : *Rhodopaxillus nudus*

Description Chapeau de 5 à 15 cm, épais, bleu-violet, devenant brun-roux sous la pluie, par temps humide, et avec l'âge. Lames serrées, violet lilas, puis plus ternes. Pied épais, bulbeux, de la couleur des lames ou plus clair.
Écologie Bois et bordures de feuillus (hêtres, châtaigniers…) ou de conifères. En groupes ou en cercles. Fin de l'automne-début de l'hiver (tout l'hiver dans le Midi). Très courant.
Très bon comestible À saveur très parfumée. Il est indigeste cru et nécessite une cuisson assez longue.
Confusions Seulement possibles avec d'autres comestibles. *Lepista sordida* **(133)**, plus petit et plus pâle. Cortinaires bleus à cortine ou au pied saupoudré de rouille près du chapeau.

132 LEPISTA SAEVA

Tricholome sinistre, pied-violet
Syn. lat. : *L. personata, Rhodopaxillus saevus*

Description Chapeau de 8 à 15 cm, épais, marge enroulée, brun-roux ou café au lait. Lames serrées, de la couleur du chapeau. Pied court (inférieur à 7 cm), gros (2 à 3 cm de diamètre), à peluches violettes pâlissant avec l'âge.
Écologie Prés, pâturages. Sol calcaire. En cercles ou en troupes. Fin de l'automne et hiver. Courant par endroits.
Très bon comestible Meilleur que *L. nuda* (pied-bleu, **131**) avec lequel on le confond souvent.
Confusion *Lepista nuda* (pied-bleu, **131**), entièrement bleu-violet.

Le groupe des rhodopaxilles *(Lepista)* sont des tricholomes dont les spores colorent les lamelles dans les tons roses ou lilas, contrairement aux autres tricholomes à spores blanches et à lames blanchâtres ou jaunâtres.

130

131

132

133 LEPISTA SORDIDA

Tricholome sordide
Syn. lat. : *Rhodopaxillus sordidus*

Description Ressemble à *L. nuda* (pied-bleu, **131**), mais environ deux fois plus petit (chapeau de 3 à 8 cm).
Écologie Lieux découverts, prairies fumées, compost, parcs. Automne. Assez courant.
Comestible Moins estimé que le pied-bleu.

134 MELANOLEUCA MELALEUCA

Tricholome blanc et noir
Syn. lat. : *M. vulgaris*

Description Chapeau de 5 à 10 cm, mamelonné, brun-gris en cas d'humidité, gris pâle par temps sec. Lames très serrées, très blanches. Pied épaissi à la base, gris-brun, plus clair que le chapeau. Chair du chapeau blanche, souvent teintée de brun à la base du pied.
Écologie Prés, pâturages, bois à graminées. Fin de l'été à fin de l'automne. Courant.
Comestible médiocre Sans saveur et à chair très molle.

135 LYOPHYLLUM DECASTES

Tricholome en touffes
Syn. lat. : *L. aggregatum, Tricholoma aggregatum*

Description Chapeau de 5 à 15 cm, gris ou brun, brillant. Lames serrées, blanc sale. Pied blanchâtre, les pieds sont rattachés entre eux à leur base, formant des touffes qui peuvent être très volumineuses.
Écologie Bois de feuillus ou de conifères, clairières, lisières. En touffes serrées. Été-automne. Assez courant.
Assez bon comestible.

136 CALOCYBE GAMBOSA

Tricholome de la Saint-Georges, mousseron de printemps
Syn. lat. : *C. georgii, Tricholoma gambosa, T. georgii*

Description Chapeau de 6 à 15 cm, épais, surtout au centre, bombé, blanc crème jaunissant ; marge enroulée, veloutée. Lames serrées, blanches. Pied épais, charnu, également blanchâtre. Chair blanche à forte odeur de farine.
Écologie Prés, lisières, bois clairs. En groupes ou en cercles. Avril à juin, plus rare en été. Peu courant à assez courant.
Excellent comestible Considéré comme l'un des meilleurs champignons, même si certains lui reprochent un goût trop accentué. Faire bien cuire car un peu indigeste.
Confusions *Inocybe patouillardii* **(230)**, à lames et à chapeau brunissant, moins trapu, à odeur désagréable **(tableau VII, p. 242)**. *Entoloma lividum* **(220)**, à lames jaune rosissant, apparaissant à l'automne.

133
◁◁

134

135

136

137 NYCTALIS AGARICOIDES

Astérophore faux lycoperdon
Syn. lat. : *N. asterophora, Asterophora licoperdoides*

Description Chapeau de 2 à 4 cm, hémisphérique, blanchâtre, devenant ocre jaune, floconneux. Lames très rudimentaires. Pied blanchâtre, souvent courbé.
Écologie Sur les vieux chapeaux de russules, surtout *Russula nigricans* **(300)**, rarement sur les lactaires. Été-automne. Assez courant.
Non comestible Odeur désagréable.
Confusion Ne peut être confondu qu'avec une espèce voisine, *N. parasitica* entièrement blanche et à lames bien formées. Ce sont les deux seules espèces du genre.

138 MARASMIUS ANDROSACEUS

Marasme androsace

Description Chapeau de 0,5 à 1 cm, sillonné (un peu comme un parachute), roux à brun. Lames brunes, espacées. Pied très mince (1 mm) et long (3 à 7 cm), rigide, brun-noir.
Écologie Sur les débris de végétaux (aiguilles de conifères, feuilles mortes, brindilles). Du printemps à l'automne. Assez courant.
Non comestible.

139 MARASMIUS ROTULA

Marasme petite roue

Description Chapeau de 1 cm environ, ressemblant à *M. androsaceus* **(138)** ; nette dépression au centre blanc ; marge régulièrement ondulée. Lames crème très espacées, réunies en un cercle autour du pied (collarium), laissant ce dernier entièrement libre. Pied long, mince, mais rigide, blanc au sommet, il devient progressivement noir vers la base.
Écologie Sur les rameaux et les branches mortes de feuillus. En groupes. Été-automne. Très courant.
Non comestible.
Confusion *M. androsaceus* **(138)**, entièrement roux-brun.

140 MARASMIUS ALLIACEUS

Marasme à odeur d'ail

Description Chapeau de 2 à 4 cm, à marge plus ou moins striée, crème à brun. Lames blanchâtres. Pied très long (jusqu'à 20 cm), très mince (3 mm environ), rigide, brun-noir, plus pâle au sommet.
Écologie Feuillus (hêtres) ; sur les feuilles ou les débris de végétaux. Été-automne. Assez courant.
Comestible Odeur très forte, chair trop mince et trop coriace. Son goût lui permet cependant d'être consommé comme condiment une fois séché.

137

◁◁

138

139

140

141 MARASMIUS OREADES

Marasme des oréades,
faux mousseron, mousseron d'automne

Description Chapeau de 2 à 6 cm, beige à fauve, plus foncé en cas d'humidité ; d'abord conique, puis s'ouvrant et devenant ondulé, mais toujours avec un large mamelon central. Lames très espacées, crème. Pied long, mince, de même couleur, pouvant être tordu sans se rompre.
Écologie Lieux herbeux, prés, pâturages, pelouses, bord des routes. Souvent en cercles imbriqués. Mai à octobre. Très courant.
Excellent comestible En omelette ou en sauce. Éliminer le pied, immangeable car très fibreux. Facile à sécher, il retrouve son aspect frais une fois plongé quelques minutes dans de l'eau tiède.
Confusions *Clitocybe dealbata* **(107)**, *C. rivulosa,* de couleur plus claire et à lames serrées. Autres marasmes ou conocybes, toxiques, par exemple, *Marasmius collinus,* à lames serrées, à odeur d'ail et à pied creux et cassant, qui peuvent occasionner des troubles gastriques.

142 MARASMIELLUS RAMEALIS

Marasme des ramilles
Syn. lat. : *Marasmius ramealis*

Description Chapeau de 0,5 à 1,5 cm, crème ou blanc rosé. Lames de même couleur. Pied court (2 à 3 cm), mince (2 mm), souvent courbé, plus ou moins pelucheux, blanchâtre, parfois plus foncé en bas.
Écologie Sur bois et brindilles mortes. En groupes. Automne. Courant.
Comestible sans intérêt.

143 COLLYBIA MACULATA

Collybie tachetée

Description Chapeau de 5 à 10 cm, blanchâtre, puis taché de rouille. Lames très serrées, blanches, puis tachées de rouille. Pied long (15 cm), blanc, se tachant également de rouille. Chair coriace, amère.
Écologie Surtout sous les conifères. Fin de l'été et automne. Assez courant.
Non comestible Saveur amère et consistance fibreuse.
Confusion Reconnaissable à sa couleur blanche, très vite maculée de rouille sur toutes les parties, et à ses lamelles très serrées.

144 COLLYBIA DISTORTA

Collybie tordue

Description Chapeau de 4 à 10 cm, brun-roux. Lames très serrées, blanches ou un peu colorées de roux. Pied très souvent torsadé.
Écologie Sous les conifères. En touffes. Été-automne. Assez courant.
Comestible sans intérêt.
Confusions *Collybia dryophila* **(149)** a un pied non torsadé et pousse sous les feuillus. *C. fusipes* **(145)** a des lames espacées et plus foncées.

141

142

143 ◁◁

144

145 COLLYBIA FUSIPES
Collybie à pied en fuseau, souchette

Description Chapeau de 4 à 10 cm, rougeâtre ou roux-brun. Lames très espacées, ondulées, d'abord blanches, puis roussâtres. Pied renflé dans sa partie moyenne, aplati, creusé de sillons profonds, de la couleur du chapeau, souvent plus clair à la partie supérieure.
Écologie Sur les souches de feuillus (surtout chênes et hêtres). En touffes. Été-automne. Courant.
Comestible jeune Peut provoquer des troubles gastriques. Rejeter le pied, trop coriace.
Confusions Autres collybies qui ont un pied strié : *C. butyracea* **(146)**, à chapeau plus foncé et de consistance grasse au toucher ; *C. distorta* **(144)**, à lames très serrées et au pied creux, tordu en hélice.

146 COLLYBIA BUTYRACEA
Collybie beurrée

Description Chapeau de 4 à 8 cm, toujours mamelonné, de consistance grasse sous les doigts, brun foncé, à marge brun-jaune. Lames serrées, blanchâtres. Pied s'épaississant vers la base, qui est couverte de duvet blanc.
Écologie Sous feuillus ou conifères. Automne. Très courant.
Comestible sans intérêt.

147 COLLYBIA PERONATA
Marasme poivré, marasme brûlant

Description Chapeau ocre ou fauve. Lames ocre brun. Pied couvert à la base de longs poils denses, blancs ou jaunes. Chair à saveur brûlante, très poivrée, coriace, même dans le chapeau.
Écologie Sous les feuillus (hêtres), parfois sous les conifères. Été-automne. Très courant.
Comestible Utiliser seulement ce champignon une fois séché, comme condiment, car il est vraiment trop poivré.
Confusion Facilement reconnaissable à ses poils à la base du pied, à son goût très âcre et à ses lames ocre brun.

148 COLLYBIA CONFLUENS
Collybie confluente
Syn. lat. : *Marasmius confluens*

Description Chapeau de 3 à 5 cm, blanchâtre, jaunâtre ou beige. Lames très serrées, de même couleur. Pied long (jusqu'à 10 cm), mince, aplati, plus foncé que le chapeau, couvert d'un duvet grisâtre.
Écologie Taillis et bois de feuillus ou de conifères. Sol acide. En touffes denses. Automne. Courant.
Comestible sans intérêt.

145

146
◁◁

147

148

149 COLLYBIA DRYOPHILA

Collybie des chênes

Description Chapeau de 3 à 6 cm, brun-jaune ou roux, plus pâle par temps sec ; marge souvent ondulée. Lames serrées blanches ou un peu jaunes. Pied de la couleur du chapeau, très fibreux.
Écologie Sous feuillus (chênes surtout). Été-automne. Très courant.
Non comestible.

150 COLLYBIA KUEHNERIANA

Collybie à pied rouge
Syn. lat. : *C. marasmioides, Marasmius erythropus*

Description Chapeau de 3 cm au maximum, beige à chamois clair, ridé par temps sec. Lames blanchâtres. Pied mince, long, rouge de plus en plus foncé vers la base.
Écologie Sous feuillus. En touffes. Automne. Courant.
Comestible sans intérêt.

151 BAEOSPORA MYOSURA

Collybie queue-de-souris
Syn. lat. : *Collybia myosura, C. conigena*

Description Chapeau de 1 à 3 cm, ocre, à marge plus claire. Lames très serrées, blanches. Pied de la couleur du chapeau, pruineux, terminé par une longue « racine » s'enfonçant dans le sol.
Écologie Sur cônes (pins, épicéas...), même enfouis. Automne. Courant.
Comestible sans intérêt.
Confusions Beaucoup d'espèces poussent sur les cônes tombés à terre : *Collybia tenacella* n'apparaît qu'au printemps, *Mycena seynii* a des lames très espacées et rosâtres.

152 HEMIMYCENA LACTEA

Mycène blanc-de-lait
Syn. lat. : *H. delicatella, Mycena lactea, M. delicatella*

Description Chapeau de 0,5 à 1,5 cm, blanc, souvent mamelonné. Lames assez serrées, blanches. Pied blanc, pruineux.
Écologie Bois de conifères. Été-automne. Assez courant.
Non comestible.
Confusions Les petits mycènes blancs ne peuvent être déterminés avec précision sans l'aide du microscope.

Les collybies forment un ensemble peu homogène, assurant une transition peu marquée avec les marasmes, parmi lesquels certaines sont parfois classées. Leur consistance fibreuse ou élastique, la minceur, et parfois la viscosité du chapeau, en font de piètres comestibles.

149

150

151

◁◁

152

153 **MYCENA GALOPUS**
Mycène à lait blanc

Description Chapeau de 2 à 3 cm, bombé, pouvant être blanc (variété alba), gris-brun ou même noir (variété nigra). Pied mince, de même couleur que le chapeau, à lait blanc à la cassure.
Écologie Sur bois ou sur feuilles. Été-automne. Très courant.
Comestible sans intérêt.
Confusion Un autre mycène émet un lait blanchâtre à la cassure : *M. erubescens*, plus petit, à tonalité rougeâtre et à saveur très amère.

154 **MYCENA SANGUINOLENTA**
Mycène sanguinolente

Description Chapeau de 1 cm environ, strié, brun-rouge à centre plus foncé. Lames blanchâtres à arête brun-roux. Pied long (5 à 8 cm) et très mince (2 mm), de la couleur du chapeau, à lait rouge sombre à la cassure.
Écologie Bois de feuillus et bois mixtes. Sur la mousse ou dans l'herbe. Été-automne. Très courant.
Comestible sans intérêt.
Confusion *M. haematopus* émet également un lait rouge sombre à la cassure, mais il est de taille plus grande (chapeau de 3 cm).

155 **MYCENA PURA**
Mycène pure

Description Chapeau de 3 à 5 cm, strié, rose violacé, parfois décoloré. Lames blanc rosé. Pied de la couleur du chapeau. Chair à odeur de radis ou de rave.
Écologie Feuillus (surtout hêtres) ou conifères. En groupes. Été-automne. Très courant.
Toxique.
Confusions Très polymorphe, il existe plusieurs variantes ; on le reconnaît à la marge bien striée, et à sa forte odeur de radis. *Laccaria amethystina* **(114 et tableau VIII, p.243)** et *L. laccata* **(115)** ont un chapeau dépourvu de mamelon, et une odeur fruitée.

156 **MYCENA EPIPTERYGIA**
Mycène des fougères

Description Chapeau de 1 à 2 cm, strié sur le bord, jaune-brun, recouvert d'une couche gélatineuse ; marge frangée. Lames espacées, blanchâtres. Pied mince, dur, jaune vif, également visqueux. Chair jaunâtre.
Écologie Bois de conifères ou de feuillus, sur la mousse. Sol acide et humide. Été-automne. Courant.
Comestible sans intérêt.
Confusions Facilement reconnaissable à la pellicule glutineuse qui recouvre le pied et qui colle au doigt. Seuls deux autres mycènes très proches ont cette propriété (*M. viscosa* et *M. epipterygioides*).

153

154

155

◁◁

156

157 MYCENA STYLOBATES
Mycène à disque basal

Description Chapeau de 1 cm, granuleux, très mince, presque transparent, blanchâtre, gélatineux. Lames blanchâtres. Pied très mince (1 mm), translucide, avec à sa base un disque blanc (de 0,5 cm environ) à marge ciliée.
Écologie Sur brindilles ou litière de feuilles. Fin de l'été et automne. Assez courant.
Comestible sans intérêt.
Confusion Facilement identifiable à son disque blanc situé à la base du pied.

158 MYCENA VITILIS
Mycène à pied ferme

Description Chapeau de 1 à 3 cm, longtemps conique, ridé, gris blanchâtre à brun. Lames claires. Pied gris-brun clair, très long (10 cm) et très mince (2 mm).
Écologie Sous feuillus et bois mixtes. Sur brindilles et bois enfoui sous la mousse. Automne. Courant.
Comestibilité inconnue.

159 MYCENA ZEPHYRUS
Mycène zéphyr

Description Chapeau de 2 à 5 cm, un peu ridé, blanc rosé vers le bord, et taché de rouille ou de rose au centre. Lames blanches ou rosées, puis teintées de rouille. Pied gris pâle également teinté de brun-rouge.
Écologie Surtout sous conifères : en groupes. Été-automne. Assez courant.
Non comestible.
Confusions *M. maculata* lui ressemble beaucoup. Il est de teinte générale plus foncée et vient essentiellement sous feuillus. *Collybia maculata* **(143)** présente les mêmes coloris, mais il est beaucoup plus grand et plus charnu.

160 MYCENA LEPTOCEPHALA
Mycène à chapeau mince

Description Chapeau de 1 à 2 cm, strié, grisâtre. Lames gris pâle. Pied mince (2 mm), de même couleur. Odeur de chlore ou d'ammoniaque.
Écologie Bois de conifères, sur aiguilles ou dans l'herbe. En groupes. Automne. Très courant.
Non comestible.
Confusion *M. alcalina* lui ressemble beaucoup. Il est de couleur plus sombre et pousse en touffes sur les souches ou sur le bois mort.

157

158

159

◁◁

160

161 MYCENA POLYGRAMMA
Mycène à pied strié

Description Chapeau de 2 à 6 cm, très mince, gris-brun, strié ou ridé presque jusqu'au centre. Lames blanches, puis rosissantes. Pied grêle et long (20 cm), blanc-gris, à base poilue, s'enfonçant dans le substrat comme une racine, finement strié sur toute sa longueur.
Écologie Sur bois mort et sur les souches. En touffes. Été-automne. Courant.
Non comestible.
Confusion C'est un mycène de grande taille par rapport aux autres. On le distingue facilement par son pied finement strié.

162 MYCENA GALERICULATA
Mycène en casque

Description Chapeau de 3 à 6 cm, très mince, gris-brun, mamelonné, strié ou ridé jusqu'au mamelon. Lames blanches, puis rosissantes. Pied rigide de la couleur du chapeau, souvent plus clair au sommet ; base velue, prolongée par une « racine » dans le substrat.
Écologie Sur souches pourrissantes de feuillus. En touffes. Été-automne. Très courant.
Comestible sans intérêt.
Confusion C'est un des mycènes les plus courants. *M. polygramma* **(161)**, également de grande taille, s'en distingue par son pied strié.

163 MYCENA INCLINATA
Mycène incliné

Description Chapeau de 3 à 5 cm, brun-roux plus foncé au centre ; marge dentelée et striée. Lames crème. Pied courbé donnant au champignon une allure penchée, blanchâtre au sommet, roux à la base. Odeur de savon, ou de rance.
Écologie Sur souches de feuillus (chênes, châtaigniers…) et au pied des troncs. En touffes. Automne. Très courant.
Non comestible.

164 OUDEMANSIELLA MUCIDA
Mucidule visqueuse
Syn. lat. : *Mucidula mucida, Collybia mucida*

Description Chapeau de 3 à 10 cm, blanc ou gris pâle, très visqueux, aspect translucide. Lames espacées, blanches. Pied blanc, visqueux, anneau plus ou moins large.
Écologie Sur troncs et branches de hêtres. En touffes. Fin de l'été et automne. Très courant.
Comestible sans intérêt À chair trop mince, trop visqueuse et coriace.
Confusion Facilement reconnaissable à sa forte viscosité et à sa consistance quasi gélatineuse.

161

162
◁◁

163

164

165 OUDEMANSIELLA RADICATA

Collybie radicante
Syn. lat. : *Collybia radicata, Mucidula radicata*

Description Chapeau de 5 à 15 cm, ocre, visqueux, ridé. Lames blanches. Pied mince (1 cm au maximum) et très long (jusqu'à 20 cm et plus), blanchâtre à ocre, épaissi à la base, prolongé par une sorte de « racine » s'enfonçant profondément dans le sol.
Écologie Feuillus (hêtres). Été-automne. Courant.
Comestible sans intérêt.
Confusions *Collybia velutipes* et *C. longipes* ont toutes deux un pied velouté ou poilu.

166 FLAMMULINA VELUTIPES

Collybie à pied velouté
Syn. lat. : *Collybia velutipes*

Description Chapeau de 2 à 10 cm, orangé à roux, visqueux. Lames crème à rousses. Pied jaunâtre au sommet, presque noir à la base, velouté sur toute la hauteur.
Écologie Sur souches et branches mortes de feuillus (parfois sur arbres vivants) ou au sol sur les racines (saules, ormes, peupliers, chênes…). En touffes. Fin de l'automne et hiver. Courant.
Assez bon comestible Cultivé en Asie. Le pied trop fibreux est à éliminer. La chair gélatineuse du chapeau convient particulièrement pour les potages et les sauces.
Confusion Pied noir à la base et entièrement velouté, couleurs vives du chapeau et habitat permettent sa détermination.

167 CYSTODERMA AMIANTHINUM

Cystoderme furfuracé

Description Chapeau de 2 à 5 cm, ridé, granuleux ; marge méchuleuse ; roux orangé. Lames crème. Pied de la couleur du chapeau et couvert de flocons sauf au sommet.
Écologie Bois de feuillus et conifères. Sol acide. Été-automne. Assez courant.
Comestible sans intérêt.
Confusions Les cystodermes sont des champignons à chapeau granuleux et au pied revêtu d'un manchon de flocons. *C. amianthinum* est le plus répandu d'entre eux. *C. granulosum* et *C. cinnabarinum* ont un chapeau de teinte plus rouge.

Certains champignons, comme *Oudemansiella radicata* **(165)** ou *Armillaria mellea* **(111)** ont un pied pourvu de sortes de « racines » (pseudorhizes), qui sont des cordons de filaments très nombreux et agrégés entre eux, extrêmement résistants. Ces pseudo-racines s'enfoncent dans le sol ou courent sous l'écorce des souches.

165

166

167

168 CYSTOLEPIOTA SEMINUDA
Lépiote demi-nue

Description Chapeau de 1,5 cm au maximum, blanc à crème, granuleux ; méchules pendantes sur la marge. Lames blanches. Pied mince (2 mm), blanc, rouge vineux vers le bas.
Écologie Lisières de bois, prairies, près des habitations, en lieux humides. Été-automne. Assez courant.
Non comestible.
Confusion C'est une des multiples lépiotes de taille minime, difficiles à identifier avec certitude.

169 LEPIOTA CLYPEOLARIA
Lépiote en bouclier

Description Chapeau de 5 à 8 cm, mamelonné, à verrues ocre plus ou moins concentriques. Lames blanches. Pied à anneau ample, fugace ; recouvert sous l'anneau d'un manchon laineux blanchâtre.
Écologie Bois de feuillus essentiellement. Été-automne. Courant.
Suspecté de toxicité.
Confusions Plusieurs espèces de lépiotes au pied pelucheux sous l'anneau. Parmi elles, *L. ventriospora*, à chapeau orangé et à peluches jaunes, vient surtout sous les épicéas ; *L. sublaevigata,* à chapeau fauve-rosé, pousse dans les prairies et dans les lisières de bois en sol calcaire.

170 LEPIOTA CRISTATA
Lépiote crêtée

Description Chapeau de 2 à 5 cm, mamelonné ; écailles rousses sur fond pâle, brun-roux au centre. Lames blanches. Pied blanc, rose vineux vers le bas ; anneau blanc. Odeur forte et désagréable.
Écologie Forêts, lisières, jardins, champs. Été-automne. Courant.
Toxique.

171 LEPIOTA BRUNNEO-INCARNATA
Lépiote brun-incarnat

Description Chapeau de 5 cm au maximum, recouvert de petites écailles brun-rose, sur un fond blanc rosé, à centre brun foncé. Lames blanc crème. Pied sans bulbe court (5 cm au maximum), à anneau peu visible, blanc au sommet, brun-rose en dessous.
Écologie Pelouses, jardins, lisières et clairières de bois. Été-automne. Assez rare.
Mortel.
Confusions Les lépiotes comestibles, bien que de taille nettement plus grande, lui ressemblent **(tableau V, p. 237)**. Une espèce très proche, *L. helveola*, possède des caractères communs (certains scientifiques considèrent qu'il s'agit d'ailleurs de la même espèce) mais elle est cependant plus méridionale.

168

169

170

◁◁

171

172 LEUCOAGARICUS LEUCOTHITES

Lépiote pudique, bisette, colombette
Syn. lat. : *Lepiota naucina, L. subalba, L. pudica*

Description Chapeau de 5 à 12 cm, charnu, d'abord blanc, puis se teintant de gris-beige, surtout au centre. Lames blanches, puis rosées. Pied renflé vers la base, blanc, à anneau mince.
Écologie Prés, prairies, bordures de chemins. Été-automne. Assez courant.
Très bon comestible À chair tendre.
Confusions Amanites blanches possédant toujours une volve **(tableau III, pp. 234-235)**. La confusion avec les agarics n'a pas de conséquence, sauf *Agaricus xanthoderma* (agaric jaunissant, **185**), à chair très jaunissante, qui est légèrement toxique.

173 MACROLEPIOTA MASTOIDEA

Lépiote mamelonnée
Syn. lat. : *M. umbonata*

Description Chapeau de 8 à 12 cm, beige à ocre, moucheté de roux ; mamelon très prononcé et aigu. Lames serrées, crème pâle. Pied mince et long (15 à 18 cm), bulbeux, finement moucheté de roux ; anneau coulissant, blanc.
Écologie Prés, bordures de haies. Été-automne. Peu courant.
Assez bon comestible.

174 MACROLEPIOTA EXCORIATA

Lépiote excoriée, petite coulemelle

Description Chapeau de 5 à 10 cm, blanc crème, pelucheux ou couvert de larges plaques claires, à marge frangée (excoriée). Lames blanchâtres. Pied blanchâtre à bulbe ; anneau coulissant.
Écologie Clairières et bordures de bois, prairies. En groupes. Fin de l'été et automne. Courant.
Bon comestible Mais chapeau seulement.
Confusions Les amanites blanches sont munies d'une volve et d'un anneau fixe, non coulissant. Les petites lépiotes brunes, généralement plus petites, ont un chapeau couvert d'écailles brunes **(tableau V, p. 237)**.

Si certaines lépiotes (lépiote déguenillée, coulemelle, lépiote pudique) sont considérées comme étant de très bons comestibles, d'autres, au contraire, font partie des espèces mortelles : ce sont les petites lépiotes brunes (une quinzaine d'espèces environ). Pour cette raison, on recommande de ne jamais consommer de lépiotes dont le diamètre du chapeau est inférieur à 10 cm.

172

173

174

175 MACROLEPIOTA PROCERA

Coulemelle, grande lépiote
chevalier bagué, cocherelle

Description Chapeau de 10 à 30 cm, d'abord ovoïde, puis s'étalant jusqu'à devenir plat et même un peu concave, mais toujours avec un mamelon ; beige, couvert de larges écailles pelucheuses brunes de plus en plus denses vers le centre, qui est brun-roux. Lames blanches, roussissant avec l'âge. Pied long (jusqu'à 40 cm), bulbeux ; large anneau coulissant, pied strié de brun.

Écologie Lisières de bois, bordures de haies, bois clairs, prairies à l'abandon, landes à fougères. Sol acide. Fin de l'été et automne. Courant.

Très bon comestible À saveur de noisette (seulement le chapeau, car le pied est coriace), couramment consommé. Lorsque le chapeau est devenu aplati, on le fait paner ou griller sur des braises.

Confusions *M. rhacodes* **(177),** plus petite, à pied non tigré et à chair rougissante. Petites lépiotes brunes de taille beaucoup plus petite.

176 MACROLEPIOTA RICKENII

Lépiote gracile
Syn. lat. : *M. gracilenta*

Description Chapeau de 5 à 12 cm, à fines peluches rousses sur fond crème ; mamelon brun. Pied très finement zébré, teinte générale brun clair.

Écologie Prés, landes, bois clairs. Fin de l'été et automne. Assez courant.

Bon comestible Mais chapeau seulement.

Confusions *M. procera* (coulemelle, **175**), dont elle diffère surtout par la taille. La lépiote gracile fait partie des lépiotes intermédiaires (par la taille), qu'il n'est pas facile de distinguer au premier coup d'œil. Parmi les plus courantes, *M. mastoidea* a un mamelon très prononcé.

177 MACROLEPIOTA RHACODES

Lépiote déguenillée

Description Chapeau de 5 à 15 cm, sans mamelon, à grandes écailles retroussées et déchiquetées. Lames blanches, roussissant au toucher. Pied grisâtre, de couleur unie, à gros bulbe. Chair rougissant à l'air.

Écologie Bois et clairières de résineux, jardins, terrains vagues. Été-automne. Assez courant.

Très bon comestible Considérée comme supérieure même à la coulemelle, cette lépiote aurait néanmoins provoqué des accidents gastriques, peut-être liés à une cuisson insuffisante, mais peut-être dus à une confusion avec une espèce voisine (*M. venenata*).

Confusions Ressemble à *M. procera* (coulemelle, **175**), mais en plus ramassée. Afin d'éviter la confusion très dangereuse avec les petites lépiotes, il est recommandé de ne pas consommer de lépiote dont le chapeau est inférieur à 10 cm.

175

176

177

178 AGARICUS CAMPESTER
Agaric des prés, rosé des prés, pratelle

Description Chapeau de 5 à 10 cm, blanc, soyeux, parfois à mèches roussâtres. Lames serrées, rose vif, devenant progressivement noirâtres. Pied assez court, aminci en pointe à la base ; anneau simple, étroit, fugace. Chair blanche, rougissant légèrement à la cassure.
Écologie Pâturages, pelouses. Printemps, mais surtout fin de l'été et début de l'automne. Très courant certaines années, où les prés en sont envahis.
Excellent comestible À cueillir de préférence lorsque les lames sont encore roses, avant que le chapeau ne s'étale.

179 AGARICUS BISPORUS
Champignon de couche,
champignon de Paris

Description Chapeau de 5 à 10 cm, blanc ou à fibrilles rousses. Lames rose sale, puis brunes et enfin noires. Pied court (3 à 5 cm), plus épais à la base, blanc, à anneau double. Chair ferme, blanche, rosissant légèrement à l'air, devenant brune avec l'âge.
Écologie Prés et jardins fumés, bordures de routes. Du printemps à l'automne. Assez rare.
Excellent comestible Il est à l'origine du champignon de Paris, qui est le champignon le plus cultivé et le plus consommé au monde.

180 AGARICUS BITORQUIS
Agaric des trottoirs
Syn. lat. : *A. edulis*

Description Chapeau de 5 à 12 cm, épais, à sommet plat, blanc jaunissant. Lames rose sale, puis brunes. Pied court (3 à 6 cm), blanc pur, rétréci à la base ; anneau double, le supérieur plus épais que l'inférieur. Chair très ferme, blanche, rosissant faiblement à la cassure.
Écologie Prairies, chemins caillouteux, terrains piétinés ; souvent en ville autour des arbres, où il peut soulever le bitume de la chaussée (d'où son nom). Automne. Peu courant.
Bon comestible À chair très ferme.

Les agarics, ou psalliotes, ont, comme les lépiotes, des lames non adhérentes au pied (lames libres) et on peut par conséquent facilement séparer le pied du chapeau sans le casser.

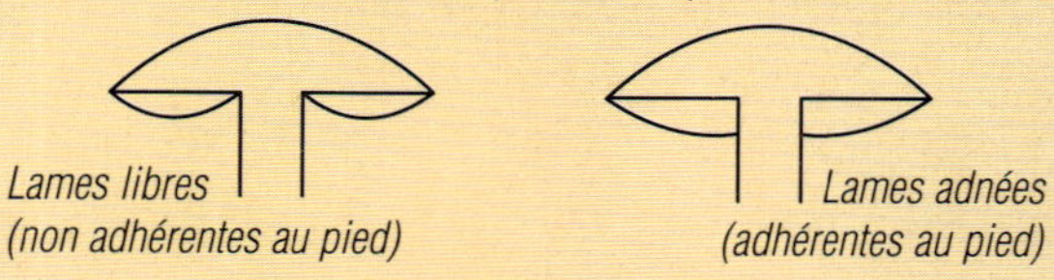

178

179

180

181 AGARICUS SILVATICUS
Agaric des forêts

Description Chapeau de 5 à 15 cm, peu épais, roux-brun, à nombreuses écailles rousses serrées au centre et s'espaçant vers la périphérie. Lames rose sale devenant progressivement brunes. Pied légèrement bulbeux, blanc, roussissant. Chair blanche devenant franchement rouge à la cassure, puis brunissant.
Écologie Surtout sous conifères (épicéas), mais aussi bois mixtes ou feuillus. Été-automne. Courant.
Bon comestible.

182 AGARICUS SEMOTUS
Agaric écarté

Description Chapeau de 3 à 5 cm, blanchâtre, à centre rosâtre ou ocre et à fibrilles rayonnantes ; marge jaunissante. Lames gris rosé pâle, puis brunes. Pied blanc, jaunissant vers la base. Odeur anisée.
Écologie Bois clairs de conifères ou mixtes. Été-automne. Peu courant.
Comestible douteux.

183 AGARICUS ARVENSIS
Agaric des jachères, boule-de-neige

Description Chapeau de 10 à 15 cm, blanc, jaunissant légèrement au toucher. Lames gris rosé, puis brunes. Pied robuste ; anneau à double membrane, l'inférieure ayant la marge dentelée. Chair blanche, jaunissant légèrement, puis rosissant, à odeur d'anis.
Écologie Prés et pacages (mais également parfois dans les bois). Fin de l'été et automne. Peu courant.
Très bon comestible À consommer jeune lorsque les lames sont encore roses. Peut être consommé cru.
Confusion *A. xanthoderma* **(185)** est plus élancé et son pied devient jaune doré à la coupe.

184 AGARICUS SILVICOLA
Agaric des bois

Description Chapeau de 5 à 10 cm, blanchâtre nuancé de jaune ocre. Pied flexueux, jaunissant, bulbeux ; anneau très ample. Chair jaunissante, à forte odeur d'anis.
Écologie Sous feuillus (charmes, hêtres…) et conifères. Été-automne. Courant.
Excellent comestible Même cru, surtout à l'état jeune.
Confusions Ressemble beaucoup à *A. arvensis* **(183)**, mais à chapeau plus petit, plus élancé, au pied bulbeux et à la chair plus jaunissante. Plus grave est la confusion avec les amanites blanches, surtout la forme blanche de *Amanita phalloides* (amanite phalloïde, **212**), qui possède une volve ample, des lames toujours blanches et sans odeur anisée **(tableau III, pp. 234-235)**.

181

182

183

◁◁

184

185 AGARICUS XANTHODERMA
Agaric jaunissant

Description Chapeau de 5 à 12 cm, aplati au centre, blanc grisonnant, virant rapidement au jaune doré au toucher, sur la marge du chapeau. Lames gris-rose, puis brunes. Pied et anneau blanc jaunissant. Chair blanche virant instantanément au jaune doré, surtout dans le bulbe, puis roussissant. Odeur désagréable d'iode, ou d'encre.

Écologie Ubiquiste, prairies fumées, compost, pâturages, pelouses, bois clairs de feuillus ou de conifères. En groupes. Été-automne. Courant.

Légèrement toxique Bien que certaines personnes le consomment sans inconvénient.

Confusions Les agarics comestibles ont une chair qui ne jaunit pas, ou beaucoup moins intensément, et ont une agréable odeur d'anis.

186 AGARICUS PRAECLARESQUAMOSUS
Agaric pintade
Syn. lat. : *A. placomyces, Psaliota meleagris*

Description Chapeau de 10 à 15 cm, couvert de petites écailles brun-roux, presque noir au centre. Lames blanches, puis roses et brunissantes ensuite. Pied bulbeux, courbé, blanchâtre à gris pâle. Chair très jaunissante au froissement et à forte odeur d'encre ou d'iode.

Écologie Bois clairs de feuillus. Automne. Assez courant.

Suspecté de toxicité.

187 COPRINUS COMATUS
Coprin chevelu

Description Chapeau très allongé lorsqu'il est jeune (5 à 15 cm de hauteur), formant un manchon autour du sommet du pied, blanc recouvert de mèches rousses ; le chapeau prend ensuite une forme de cloche et se liquéfie à partir du bord en une encre noire. Lames blanches, vite roses, grises, puis noires, se liquéfiant.

Écologie Pelouses, parcs, bordures de routes, terrains vagues. Souvent en groupes. Du printemps à l'automne. Courant.

Excellent comestible même cru À condition de le cueillir très jeune, lorsque les lames sont encore blanches et à consommer très vite. Afin de ralentir la maturation, on peut détacher le pied du chapeau en effectuant une légère rotation.

Coprinus atramentarius (coprin noir d'encre, **188**) est comestible. Cependant, il est fortement déconseillé de boire de l'alcool au cours du repas pendant lequel il est consommé. En effet, en une demi-heure environ peuvent se manifester des troubles inquiétants : congestion du visage, angoisses… Heureusement, ces effets sont très souvent sans conséquences.

185

186

187

◁◁

187

188 **COPRINUS ATRAMENTARIUS**
Coprin noir d'encre

Description Chapeau de 4 à 7 cm, ovoïde, puis s'ouvrant en parapluie, crème à gris, plus foncé au sommet, strié. Lames très serrées, d'abord blanches, puis grises et enfin noires, se liquéfiant. Pied à bourrelet, annulaire à la base.
Écologie Sur végétaux décomposés, même enfouis, poussant apparemment sur le sol, en lisière de bois, bord des chemins, En touffes, souvent en compagnie de *C. comatus* (coprin chevelu, **187**). Du printemps à l'automne. Courant.
Comestible très jeune À condition de ne pas consommer d'alcool (voir encadré page précédente). Nettement moins savoureux que *C. comatus* (coprin chevelu, **187**).

189 **COPRINUS LAGOPUS**
Coprin pied-de-lièvre

Description Chapeau de 2 à 4 cm, ressemblant à l'état jeune à *C. comatus* (coprin chevelu, **187**) en plus petit, mais couvert de peluches ocre gris, puis gris sombre et nettement strié. Pied long, plus épais à la base, très pelucheux.
Écologie Taillis de feuillus, rarement dans l'herbe (comme les autres coprins). Été-automne. Peu courant.
Comestible sans intérêt.

190 **COPRINUS MICACEUS**
Coprin micacé

Description Chapeau de 3 à 5 cm, ovoïde, s'ouvrant un peu par la suite, sillonné du bord presque jusqu'au centre, ocre ou fauve parsemé de points brillants (comme des grains de mica). Lames blanches, puis brunâtres, se liquéfiant à maturité. Pied grêle, blanc.
Écologie Bois et taillis de feuillus, sur bois pourrissant ; en touffes. Du printemps à l'automne. Assez courant.
Non comestible.

191 **COPRINUS NIVEUS**
Coprin blanc de neige

Description Chapeau de 2 à 5 cm, ovoïde ou conique, entièrement blanc pur, paraissant saupoudré de neige. Lames blanches noircissant à la fin.
Écologie Sur bouses dans les pâturages, fumier. Du printemps à l'automne. Courant.
Comestibilité inconnue.

Certains coprins, surtout *C. comatus,* sont comestibles à condition de les cueillir dans leur toute première jeunesse, car ils deviennent très rapidement déliquescents.

188 ◁◁

189

190

191

192 COPRINUS PLICATILIS
Coprin plissé

Description Chapeau de 2 à 3 cm, cannelé sur toute la surface sauf au centre, blanchâtre, à centre gris ou roussâtre. Lames blanches, puis grises. Pied mince, long, blanc.
Écologie Pelouses, prairies, bords des chemins. Du printemps à l'automne. Assez courant.
Comestible sans intérêt.

193 COPRINUS DISSEMINATUS
Coprin disséminé

Description Chapeau très petit (1 à 2 cm), ovoïde ou en forme de cloche, creusé de profonds sillons, de couleur chamois clair ou grisâtre. Lames blanches, puis grises et enfin noirâtres, mais non déliquescentes, contrairement aux autres coprins. Pied creux, très fragile, blanchâtre.
Écologie Souches et bois pourrissant. En groupes de très nombreux individus serrés les uns contre les autres. Du printemps à l'automne. Très courant.
Comestible sans intérêt Surtout du fait de sa taille.

194 PSATHYRELLA LACRYMABUNDA
Lacrymaire veloutée
Syn. lat. : *P. velutina, Lacrymaria velutina*

Description Chapeau de 5 à 12 cm, d'abord conique avec une cortine, puis s'étalant en gardant souvent un mamelon, fauve, soyeux, marge effilochée (reste de la cortine). Lames brunes desquelles perlent de fines gouttelettes transparentes chez les jeunes. Pied blanchâtre, roux vers la base ; reste de cortine noire à maturité.
Écologie Pelouses, forêts, bordures, talus… Isolé ou en touffes. Été-automne. Courant.
Comestible jeune Reconnu comme tel depuis peu. Consommer le chapeau uniquement (pied trop fibreux).

195 PSATHYRELLA CANDOLLEANA
Hypholome de De candolle

Description Chapeau de 3 à 8 cm, peu épais, blanchâtre (sec) à roux-brun (humidité) ; marge floconneuse chez les jeunes. Lames serrées, rosâtres, puis brunes. Pied blanc, creux.
Écologie Pelouses arborées, bois clairs, lisières, parfois sur bois pourrissant. Parfois en touffes. Du printemps à l'automne. Courant.
Comestible Mais très peu charnu.
Confusion *P. piluliformis* **(197)** a un chapeau plus brunâtre.

192

193

194

◁◁

195

196 PSATHYRELLA ARTEMISIAE
Psathyrelle squameuse
Syn. lat. : *P. squamosa*

Description Chapeau de 2 à 4 cm, hygrophane ; ocre brun, plus pâle par temps sec, couvert de mèches blanches, surtout au bord. Lames pâles, puis brunes. Pied blanc pelucheux.
Écologie Sous feuillus, au sol ou sur débris. Été-automne. Assez courant.
Non comestible.
Confusions Les psathyrelles regroupent plusieurs dizaines d'espèces en France, souvent difficiles (voire impossibles) à discerner sans l'aide du microscope.

197 PSATHYRELLA PILULIFORMIS
Psathyrelle hydrophile
Syn. lat. : *P. hydrophila*

Description Chapeau très hygrophane ; ocre jaune (sec) à fauve-brun (humide). Pied et lames comme *P. candolleana* **(195)**.
Écologie Sur souches pourries ou même à terre, autour des troncs sur terrain humide. En touffes très denses. Été-automne. Assez courant.
Comestible sans intérêt Car peu charnu.

198 LIMACELLA GUTTATA
Limacelle tachée
Syn. lat. : *L. lenticularis*

Description Chapeau de 8 à 15 cm, blanchâtre ou café au lait, un peu visqueux. Lames blanchâtres. Pied robuste, un peu visqueux, à bulbe et large anneau ; gouttelettes jaunâtres perlant au-dessus de l'anneau.
Écologie Bois de conifères en montagne (épicéas surtout) ou bois de feuillus en plaine. Fin de l'été et automne. Assez courant.
Bon comestible Mais très méconnu.
Confusions Faisant charnière entre les amanites et les lépiotes, ce champignon ressemble un peu aux deux. Il se distingue des lépiotes par son chapeau visqueux et lisse, et des amanites par son absence de volve (seulement un bulbe).

199 AMANITA CECILIAE
Amanite dorée
Syn. lat. : *A. strangulata, A. inaurata*

Description Chapeau de 7 à 15 cm, à marge striée, fauve à brunâtre, parsemé de plaques grises. Lames blanches. Pied brun-gris, entouré par endroits de peluches blanchâtres (reste du voile), renflé à la base en un bulbe entouré d'une volve gris foncé. Absence d'anneau.
Écologie Taillis de feuillus. Automne. Peu courant.
Comestible pour certains auteurs, toxique pour d'autres.

196

197

198
◁◁

199

200 AMANITA FULVA
Amanite fauve

Description Comme *A. vaginata* **(202)**, mais à chapeau orangé ou fauve.
Écologie Bois de feuillus ou plus rarement de conifères. Sol acide. Été-automne. Assez courant.
Bon comestible cuit. Toxique cru.

201 AMANITA CROCEA
Amanite safran

Description Chapeau de 6 à 12 cm, jaune orangé ou roux orangé ; marge plus claire et nettement striée. Lames blanchâtres. Pied s'amincissant de bas en haut, de la couleur du chapeau, zébré de bandes floconneuses orangées ; sans anneau.
Écologie Bois de feuillus. Sol acide. Été-automne. Peu courant à assez courant, surtout dans le midi de la France.
Bon comestible.
Confusions *A. caesarea* (amanite des Césars, **203**), plus trapu, possède un anneau, et ses lames sont jaunes. *A. fulva* **(200)** a un pied de teinte unie et une volve en général marquée de roux.

202 AMANITA VAGINATA
Amanite engainée, grisette

Description Chapeau de 5 à 10 cm, grisâtre ; marge nettement striée, mamelonnée. Pied élancé (20 cm au maximum), sans anneau, s'amincissant de bas en haut ; volve ample, remontant sur le pied, blanche, parfois marquée de roux. Chair blanche.
Écologie Clairières et bordures de bois de feuillus ou conifères. Été-automne. Courant.
Assez bon comestible cuit Mais à chair mince. **Toxique cru.**
Confusions Espèce dont il existe de nombreuses formes et variétés différant par la taille et la couleur du chapeau.

203 AMANITA CAESAREA
Amanite des Césars, oronge

Description Chapeau de 8 à 15 cm, épais, lisse, brillant, à marge striée, orange vif. Lames épaisses, jaune d'œuf. Pied robuste, épaissi à la base, jaune, muni d'un anneau large, jaune, strié, volve blanche.
Écologie Bois clairs de chênes et de châtaigniers. Sol acide. Fin de l'été et début de l'automne. Assez courant dans le midi de la France.
Excellent comestible Peut se consommer cru, en salade, découpé en fines tranches. Son nom rappelle que cette amanite était réservée aux empereurs romains tant elle était appréciée.
Confusions *A. muscaria* (amanite tue-mouches, **204**) est parfois démunie de taches blanches sur le chapeau, mais les lames et les pieds sont blancs **(tableau IV, p. 236)**.

200

201 ◁◁

202

203

204 AMANITA MUSCARIA

Amanite tue-mouches, fausse oronge

Description Chapeau de 10 à 20 cm, hémisphérique ou globuleux, puis s'aplanissant complètement : rouge vif parsemé de pustules blanches plus ou moins nombreuses, devenant orangé avec l'âge. Lames serrées et blanches. Pied épais, blanc, pelucheux, à anneau large et persistant ; gros bulbe recouvert par une volve blanche à bourrelets verruqueux.

Écologie Bois de feuillus (bouleaux), de conifères, ou bois mixtes. Sol acide. En groupes, souvent en compagnie de *Boletus edulis* (cèpe de Bordeaux, **361**). Fin de l'été et automne. Très courant.

Toxique Parfois consommé dans certains pays après avoir ôté la cuticule, qui renfermerait les substances toxiques.

Confusions Il existe plusieurs formes de ce champignon. Les formes orangées, avec peu de verrues, ou simplement des exemplaires délavés par la pluie peuvent présenter un chapeau ressemblant à *A. caesarea* (amanite des Césars, **203** et **tableau IV, p. 236**).

205 AMANITA PANTHERINA

Amanite panthère

Description Chapeau de 5 à 10 cm, à marge striée, ocre à brun, parsemé de petits flocons blancs souvent disposés en cercles. Lames serrées, blanches. Pied blanc ; anneau à mi-hauteur, blanc, fugace ; bulbe plus ou moins volumineux surmonté d'un ou deux bourrelets.

Écologie Bois de feuillus, parfois sous conifères. Été-automne. Assez courant.

Très toxique.

Confusions *A. rubescens* (amanite rougissante, **206**), rougissant dans les blessures **(tableau I, p. 229)**. Certains exemplaires, dont le chapeau a pâli sous la pluie et avec l'âge, peuvent ressembler aux amanites comestibles : *A. vaginata* **(202)**.

206 AMANITA RUBESCENS

Amanite rougissante,
amanite vineuse, golmotte

Description Chapeau de 8 à 15 cm, ocre ou brun clair, couvert de petites plaques blanchâtres ou un peu rougeâtres, en cercles plus ou moins réguliers, à marge non striée ; rouge vineux aux meurtrissures. Lames blanches devenant rosé vineux au niveau des coupures. Pied robuste, blanc rosé, rouge sur les blessures ; anneau large, strié, persistant. Chair épaisse, blanche, rougissant lentement à la cassure.

Écologie Bois clairs de feuillus ou de conifères, bordures. Été-automne. Très courant.

Comestible délicat Mais chapeau seulement, le pied étant fibreux.

Toxique cru.

Confusion *A. pantherina* (amanite panthère, **205**) a une marge striée et n'est jamais rougissante **(tableau I, p. 229)**.

204

205

206

207 AMANITA SPISSA
Amanite épaisse

Description Ressemble à *A. rubescens* (amanite rougissante, **206**), mais chair non rougissante, à pied blanc ponctué de peluches grises au-dessous de l'anneau ; anneau nettement strié.
Écologie Bois de conifères ou de feuillus. Été-automne. Courant.
Comestible médiocre.
Confusion *A. pantherina* (amanite panthère, **205**), à chapeau nettement strié sur la marge et à anneau fugace, non strié.

208 AMANITA JUNQUILLEA
Amanite jonquille
Syn. lat. : *A. gemmata*

Description Chapeau de 5 à 10 cm, peu épais, de jaune pâle (jonquille) à orangé, souvent parsemé de plaques blanchâtres, à marge striée. Lames blanchâtres. Pied blanc, à anneau médian et fugace ; volve blanche, parfois réduite en bourrelets surmontant le bulbe. Chair blanche, mais jaune sous la cuticule.
Écologie Bois de feuillus (hêtres) et de résineux (pins). Sol acide. Du printemps à l'automne. Assez courant.
Comestible pour certains, toxique, voire mortel, pour d'autres. Cette disparité viendrait d'une confusion avec d'autres espèces.
Confusion *A. pantherina* (amanite panthère, **205**) peut avoir un chapeau délavé jaune orangé.

209 AMANITA STROBILIFORMIS
Amanite solitaire
Syn. lat. : *A. solitaria*

Description Chapeau de 10 à 20 cm, épais, blanc, recouvert de pustules blanches ou grisonnantes, polyédriques ; marge frangée au début par les débris du voile. Pied épais, à anneau fragile disparaissant assez vite ; bulbe ovale avec volve réduite à quelques écailles.
Écologie Bois clairs de feuillus (chênes, charmes), clairières, pelouses sèches. Sol calcaire. Été-automne. Peu courant, méridional.
Bon comestible.
Confusions *A. phalloides* (amanite phalloïde, **212**) et *A. verna* (amanite printanière, **213**) ne portent jamais de pustules ou de verrues.

Amanita phalloides (amanite phalloïde, **212**) est d'autant plus dangereuse que c'est un champignon très commun et croissant dans des milieux très variés. Un seul exemplaire consommé suffit pour causer la mort. Ne jamais récolter de champignons ayant à la fois ces trois propriétés : lames blanches, anneau blanc et volve à la base du pied.

207

208

209

210 AMANITA CITRINA
Amanite citrine

Description Chapeau de 5 à 10 cm, convexe, jaune citron couvert de plaques blanchâtres ou ocre. Lames blanc crème. Pied blanc-jaune, à large anneau persistant, strié, et à volumineux bulbe blanchâtre (parfois, les restes de la volve jaunâtre enveloppent le bulbe). Chair blanche à odeur de pomme de terre crue.
Écologie Bois clairs de conifères ou feuillus (chênes, hêtres). Sol acide. Automne. Très courant.
Comestible médiocre Longtemps considéré comme mortel, car confondu avec l'amanite phalloïde. Les risques d'erreur sont tels qu'il est déconseillé de cueillir cette amanite.
Confusion La variété *alba* ressemble à l'amanite phalloïde, mais à l'inverse, elle n'a pas de volve très ample.

211 AMANITA VIROSA
Amanite vireuse

Description Chapeau de 5 à 10 cm, blanc pur ou crème pâle, dissymétrique, souvent mamelonné. Pied pelucheux ; anneau situé très haut, parfois rattaché aux lames ; volve blanche. Chair inodore ou d'odeur désagréable (vireuse).
Écologie Bois de feuillus (hêtres, bouleaux) ou de conifères (épicéas). Sol acide. Été-automne. Assez courant au nord, peu courant au sud.
Mortel.
Confusion *Agaricus silvicola* (agaric des bois, **184**) a des lames roses, puis brunes, et jamais de volve **(tableau III, pp.234-235)**.

212 AMANITA PHALLOIDES
Amanite phalloïde

Description Chapeau de 5 à 15 cm, parfois blanc pur, mais le plus souvent brun verdâtre ou jaune-vert, à fibrilles radiales. Lames blanches. Pied blanchâtre, parfois marbré de verdâtre, anneau large, strié, persistant, blanc ; volve très volumineuse, blanche également.
Écologie Taillis et bois de feuillus (surtout chênes, mais aussi châtaigniers, bouleaux, noisetiers), parfois bois de résineux. Été-automne. Très courant.
Mortel Responsable de la plupart des empoisonnements par champignons. Les premiers symptômes apparaissent souvent plusieurs heures après l'ingestion (voir encadré page précédente).
Confusions Sa couleur pouvant varier d'un spécimen à l'autre, on peut confondre l'amanite phalloïde avec de nombreux champignons comestibles : *Tricholoma portentosum* **(123)**, *Tricholoma auratum, Volvariella gloiocephala* **(218)**, *Agaricus silvicola* (agaric des bois, **184**), *Russula virescens* **(312) (tableau II, pp. 230-233 et tableau III, pp. 234-235)**.

210
◁◁

211

212

212

213 AMANITA VERNA
Amanite printanière

Description Chapeau de 5 à 10 cm, blanc, parfois crème. Lames blanches. Pied lisse, blanc, très facilement séparable du chapeau, anneau blanc, persistant, volve volumineuse blanche. Chair blanche, inodore.
Écologie Taillis et bois de feuillus (chênes, châtaigniers...). Sol calcaire. De mai à septembre. Rare (plutôt méridional).
Mortel.
Confusions *Agaricus silvicola* (agaric des bois, **184**) et *Leucoagaricus leucothites* **(172)** ne possèdent pas de volve **(tableau III, pp. 234-235)**.

214 PLUTEUS CERVINUS
Plutée couleur de cerf
Syn. lat. : *P. atricapillus*

Description Chapeau de 5 à 15 cm, souvent mamelonné, fauve à brun, plus ou moins foncé. Lames blanches, puis roses. Pied s'épaississant à la base, blanc rayé de brun. Chair molle à odeur de radis.
Écologie Sur souches et bois pourrissant. Été-automne. Très courant.
Comestible médiocre Assez insipide.

215 PLUTEUS SALICINUS
Plutée du saule

Description Chapeau de 3 à 8 cm, gris-brun ou gris verdâtre, plus foncé au centre. Lames blanches, puis roses. Pied blanc, gris verdâtre en bas. Chair grisâtre.
Écologie Sur bois et souches de feuillus. Été-automne. Assez courant.
Comestible médiocre Comme tous les plutées.

216 PLUTEUS LEONINUS
Plutée couleur de lion

Description Chapeau de 2 à 5 cm, jaune doré à ocre jaune ; marge striée. Lames crème, puis rose pâle. Pied blanc, puis jaunissant. Chair blanche, inodore.
Écologie Sur souches et bois pourrissant de feuillus. Été-automne. Assez courant.
Comestible médiocre.

On est en présence d'un plutée lorsque tous les caractères suivants sont réunis :
- habitat sur souches ou bois mort ;
- pied central ;
- lames roses à maturité.

Parmi les plutées, ni vénéneux, ni bon comestible.

213

214

215 ◁◁

216

217 PLUTEUS CHRYSOPHAEUS
Plutée brun jaunâtre

Description Chapeau de 2 à 5 cm, un peu ridé à partir du centre, brun-roux ; marge un peu striée. Pied grêle, blanc à jaune pâle. Chair jaunâtre.
Écologie Sur bois pourrissant, parfois enterré. Été et début de l'automne. Assez courant.
Non comestible.
Confusion Une espèce très proche et également plus commune, *P. phlebophorus*, a un chapeau beaucoup plus ridé et plus foncé.

218 VOLVARIELLA GLOIOCEPHALA
Volvaire remarquable, volvaire visqueuse
Syn. lat. : *V. speciosa*

Description Chapeau de 8 à 12 cm, d'abord ovoïde, puis étalé, blanc à gris-brun pâle, visqueux. Lames serrées, blanches, puis roses. Pied blanc, sans anneau, à volve blanche ample. Odeur plus ou moins forte de radis.
Écologie Prairies fumées, jardins, champs. Du printemps à l'automne, mais souvent tardif (novembre-décembre). Peu courant.
Comestible médiocre Une espèce voisine, *V. volvacea*, est cultivée depuis longtemps en Asie et en Afrique et occupe le 3e rang mondial des champignons cultivés.

219 ENTOLOMA SERICEUM
Entolome soyeux

Description Chapeau de 3 à 6 cm, hygrophane, gris soyeux (temps sec) à brun-noir (temps humide) ; marge striée. Lames blanc sale, puis rose sale. Pied grisâtre, blanchâtre à la base. Odeur très forte de farine.
Écologie Pelouses, prairies. Été-automne. Courant.
Toxique.

220 ENTOLOMA LIVIDUM
Entolome livide
Syn. lat. : *E. sinuatum*

Description Chapeau de 10 à 20 cm, épais, bosselé, blanc crème à gris-brun, vergeté ou crevassé ; marge enroulée et sinueuse. Lames jaunâtre pâle, puis rose saumon, nettement échancrées. Pied épais, renflé à la base, de même couleur que le chapeau. Chair blanche à forte odeur de farine.
Écologie Lisières et bois clairs de feuillus (chênes, hêtres, châtaigniers). Parfois en groupes. Fin de l'été et automne. Assez courant par endroits.
Très toxique, pouvant être mortel.
Confusions *Clitopilus prunulus* (clitopile petite prune, **223)** a des lames décurrentes et *Tricholoma columbetta* (tricholome colombette, **121**) est entièrement blanc **(tableau VI, pp. 238-241)**. *Clitocybe nebularis* (clitocybe nébuleux, **104**) n'a pas d'odeur de farine.

217
◁◁

218

219

220

221 ENTOLOMA CLYPEATUM

Entolome en bouclier,
mousseron des haies

Description Chapeau de 3 à 10 cm, mamelonné, hygrophane, ocre à brun, à fibrilles radiales, parfois crevassé. Lames espacées, inégales, blanches, puis rose sale. Pied blanchâtre à gris.
Écologie Haies d'arbustes épineux, vergers. En groupes. Printemps. Assez courant.
Bon comestible.
Confusions *E. lividum* (entolome livide, **220**), plus tardif et plus robuste. *Inocybe patouillardii* (inocybe de Patouillard, **230**), également printanier, mais à chapeau conique et à chair rougissante.

222 ENTOLOMA RHODOPOLIUM

Entolome rose et gris

Description Chapeau de 4 à 12 cm, hygrophane, de blanchâtre sale (sec) à brun-jaune (humide) ; marge striée, flexueuse. Lames blanchâtres, puis roses et enfin brunes. Pied fragile, blanc, soyeux.
Écologie Sous feuillus. En groupes. Automne. Très courant.
Toxique.
Confusions Également assez répandu, *E. nidorosum* lui ressemble beaucoup, mais dégage une forte odeur nitreuse ou d'eau de Javel au froissement. Ce champignon est parfois considéré comme une variété de *E. rhodopolium.*

223 CLITOPILUS PRUNULUS

Clitopile petite prune, meunier

Description Chapeau de 4 à 10 cm, ondulé ou lobé, charnu au centre, blanchâtre, velouté. Lames décurrentes, blanches, puis roses. Pied parfois excentré, souvent courbé, court. Chair molle et fragile, à forte odeur de farine.
Écologie Clairières et lisières de bois de feuillus ou de conifères, dans l'herbe ou sur la mousse, en groupes. Fin de l'été et automne. Assez commun.
Très bon comestible Jamais véreux, peut se faire sécher.
Confusions Clitocybes blancs à lames peu décurrentes, restant blanches **(tableau VI, pp. 238-241)**. *E. lividum* (entolome livide, **220**), à lames non décurrentes et chapeau fibrilleux.

Clitopilus prunulus (clitopile petite prune, **223**) est un comestible au goût très fin, mais assez méconnu. Il faut dire que sa ressemblance avec les clitocybes blancs (toxiques) est frappante. Outre ses lames, qui rosissent à maturité, sa forte odeur de farine fraîche (d'où son nom de « meunier ») permet de le reconnaître.

221

222

223

224 ALNICOLA MELINOIDES

Naucorie presque citron
Syn. lat. : *Naucoria escharoides*

Description Chapeau de 1 à 4 cm, jaune-roux. Lames de même couleur. Pied brun pâle, plus foncé vers le bas.
Écologie Sous les aulnes en zone humide, bords des ruisseaux. En groupes. Automne. Courant.
Non comestible.
Confusion *Alnicola* (syn. *Naucoria*) est un genre difficile. Ce sont des champignons croissant dans des endroits très humides, sous les saules et surtout sous les aulnes. Plusieurs espèces cohabitent souvent dans le même habitat, comme *A. scolecina*, autre espèce assez courante, identique à *A. melinoides*, mais plus foncé et à marge légèrement striée.

225 HEBELOMA CRUSTULINIFORME

Hébélome échaudé

Description Chapeau de 5 à 10 cm, mamelonné, légèrement visqueux ; jaune paille à roux, plus foncé au centre. Lames pâles puis ocre, pleurant de fines gouttes crème brunissant en séchant. Pied bulbeux, finement floconneux en haut. Odeur forte de radis, saveur amère.
Écologie Sous feuillus et conifères, landes à bruyères. En groupes. Été-automne. Très courant.
Toxique.

226 HEBELOMA SINAPIZANS

Hébélome moutarde

Description et écologie Comme *H. crustuliniforme* **(225)**, mais un peu plus gros. Lames non pleureuses. En coupe le pied montre une mèche sommitale, sorte de stalactite pendant dans la lumière du pied. Saveur très amère et même brûlante. Surtout sous chênes et charmes.
Toxique.

227 HEBELOMA MESOPHAEUM

Hébélome à centre brun

Description Chapeau de 3 à 6 cm, mamelonné, visqueux ; brun-fauve ou châtain au centre, bord très pâle, couvert des restes du voile. Lames pâles, puis brunes. Pied creux assez clair, mais sombre vers le bas, cortine pelucheuse.
Écologie Pelouses, jardins, bois de feuillus ou de conifères. Automne. Très courant.
Non comestible.

Les hébélomes possèdent une cortine à l'état jeune, qui disparaît rapidement sans laisser de trace, sauf chez *H. mesophaeum* **(227)**, où elle persiste en un anneau, comme chez les cortinaires.

224 ◁◁

225

226

227

228 HEBELOMA RADICOSUM

Hébélome radicant
Syn. lat. : *Pholiota radicosum*

Description Chapeau de 5 à 12 cm, charnu, visqueux, ocre-brun à larges mèches. Lames serrées, crème brunissant. Pied beige à ocre, à anneau écailleux ; couvert de mèches sous l'anneau ; prolongé par une longue « racine » noirâtre et pointue. Odeur d'amandes amères.
Écologie Bois de feuillus (hêtres surtout), sur bois mort enfoui, au pied de vieilles souches. Été-automne. Assez courant.
Comestible Mais son odeur est trop forte, rebutante.
Confusions Ressemble aux pholiotes, parmi lesquelles il était autrefois classé, surtout en raison de son anneau (c'est le seul hébélome portant un anneau véritable). Son odeur et sa « racine » l'en différencient.

229 INOCYBE FASTIGIATA

Inocybe fastigié

Description Chapeau de 3 à 8 cm, conique, mamelonné, jaune à fauve, couvert de fibrilles soyeuses ; marge profondément fendue. Lames serrées, jaune-vert, puis brunes. Pied long, plein, blanchâtre, un peu floconneux au sommet.
Écologie Bois de feuillus, chemins, lisières, parfois bois de conifères. Été-automne. Courant.
Toxique Contient de la muscarine. Aucun inocybe n'est comestible. Ils sont tous soit toxiques, soit simplement immangeables.
Confusions Les inocybes sont très difficiles à reconnaître entre eux. L'examen de certains caractères au microscope se révèle souvent indispensable.

230 INOCYBE PATOUILLARDII

Inocybe de Patouillard

Description Chapeau de 4 à 10 cm, conique, largement mamelonné, blanc crème rougissant par la suite, à fibres radiales rougeâtres ; marge souvent fendue. Lames blanches, brunissantes. Pied blanc, rosissant avec l'âge. Chair blanche rougissant dans le pied à la cassure.
Écologie Bois de feuillus, clairières, bords de chemins. Sol calcaire. Printemps et début de l'été. Peu courant à assez courant par endroits.
Mortel s'il est consommé en grande quantité Renferme la même toxine que *Amanita pantherina* (amanite panthère, **205**) et *A. muscaria* (amanite tue-mouches, **204**).
Confusion Son apparition au printemps limite les confusions. *Calocybe gambosa* (tricholome de la Saint-Georges, **136**) n'a pas cette tendance à rougir **(tableau VII, p. 242)**.

228

229

230

231 INOCYBE FRAUDANS

Inocybe à odeur de poire
Syn. lat. : *Inocybe piriodora*

Description Chapeau de 3 à 8 cm, crème à roux, méchuleux. Lames claires, puis brun-rouge. Pied s'épaississant un peu vers la base, blanchâtre en haut, roussâtre vers le bas. Très forte odeur de jasmin.
Écologie Bois de feuillus ou de conifères. Sol calcaire. Été-automne. Assez courant.
Suspecté de toxicité.

232 INOCYBE CORYDALINA

Inocybe à mamelon vert

Description Chapeau de 5 à 8 cm, conique, puis s'étalant avec un mamelon central ; crème, puis brunissant, couvert de fibres ou de mèches, mamelon verdâtre. Lames serrées, blanc grisonnant. Pied blanc à fibrilles brunes, légèrement bulbeux. Chair blanche. Odeur très forte et particulière.
Écologie Bois de feuillus (chênes, hêtres…). Sol calcaire. Automne. Très courant.
Non comestible.

233 INOCYBE GRISEOLILACINA

Inocybe gris lilacin

Description Chapeau de 2 à 3 cm, gris-brun, couvert d'écailles rousses, parfois violet pâle au bord. Lames claires, puis brunes. Pied couleur lilas, s'épaississant en bulbe à la base.
Écologie Bois de feuillus, bords de chemins. Automne. Courant.
Toxique.

234 INOCYBE LACERA

Inocybe à chapeau déchiré

Description Chapeau de 2 à 5 cm, brun-roux, fibrillo-pelucheux. Lames rouille. Pied également roussâtre, mais brun-noir en bas.
Écologie Landes, sentiers, mais aussi forêts. Automne. Assez courant.
Toxique.

235 INOCYBE GEOPHYLLA

Inocybe à lames couleur de terre

Description Chapeau de 2 à 4 cm, pointu, s'étalant ensuite, mais toujours mamelonné, blanc. Lames d'abord grises, puis ocre-brun. Pied long et mince, blanchâtre, souvent bulbeux.
Écologie Bois de feuillus. Été-automne. Très courant.
Très toxique Renfermant une dose élevée de muscarine.
Confusion La variété *lilacina* peut être confondue avec *Laccaria amethystina* **(114 et tableau VIII, p. 243)**

231 ◁◁

232

233 ◁◁

234

235

236 INOCYBE GODEYI

Inocybe de Godey

Description Chapeau de 2 à 4 cm, crème devenant rouge orangé. Lames crème, puis rouges. Pied blanc, rougissant ; bulbe marginé blanc. Chair rougissant lentement à la cassure.
Écologie Bois de feuillus. Sol calcaire. Automne. Assez courant (surtout dans le Sud).
Suspecté de toxicité.

237 INOCYBE KUEHNERI

Inocybe de Kuhner

Description Chapeau de 3 à 6 cm, vergeté ou pelucheux, peu mamelonné, blanchâtre à beige-roux. Lames beiges, puis brun-gris. Pied mince, de même couleur que le chapeau, pruineux sur toute la hauteur.
Écologie Surtout sous conifères, parfois sous feuillus. Automne. Assez courant.
Suspecté de toxicité.

238 INOCYBE LANUGINOSA

Inocybe laineux

Description Chapeau de 2 à 5 cm, laineux ou à mèches hérissées, brunâtre. Lames ocre ou grises. Pied également laineux.
Écologie Bois de conifères, parfois feuillus. Été-automne. Assez courant.
Toxique.

239 INOCYBE PETIGINOSA

Inocybe à chapeau zoné

Description Chapeau de 0,5 à 2 cm, souvent mamelonné, brun rosé, à fines écailles brillantes, surtout chez le jeune. Lames jaunes, puis brunes. Pied souvent sinueux, entièrement poudré.
Écologie Bois de feuillus, sur terrain calcaire nu ou sur mousse rase. Automne. Assez courant.
Suspecté de toxicité.

Les inocybes ont une silhouette caractéristique de chapeau chinois, souvent fendu sur la marge. L'aspect poudreux du pied (visible surtout à la loupe) provient de la présence de grandes cellules allongées (cystides), qui le tapissent. C'est un caractère important pour la détermination des espèces.

236

237

238

239

240 INOCYBE ASTEROSPORA

Inocybe à spores étoilées

Description Chapeau de 3 à 6 cm, d'abord conique, puis à dépression circulaire autour du mamelon ; brun-roux, radialement fissuré ou crevassé jusqu'au mamelon. Lames beige sale, puis cannelle. Pied ocre rouge, entièrement poudré ; bulbe marginé.
Écologie Bois de feuillus ou mixtes, dans l'herbe. Été-automne. Très courant.
Toxique.
Confusion Reconnaissable à son chapeau fissuré, au mamelon au centre de la dépression et à son bulbe marginé.

241 ROZITES CAPERATA

Pholiote ridée
Syn. lat. : *Pholiota caperata*

Description Chapeau de 5 à 15 cm, ridé sauf au centre, miel ou ocre jaune, voilé de blanc (surtout jeune), parfois à reflets violets. Lames denticulées, pâles, puis ocre. Pied blanc à ocre, strié, légèrement pelucheux au-dessus de l'anneau ; anneau strié.
Écologie Surtout bois de conifères (pins, épicéas), parfois sous feuillus (hêtres), en moyenne montagne. Sol acide et sablonneux. En groupes. Fin de l'été et automne. Assez courant.
Très bon comestible Malheureusement vite véreux (le pied fibreux est à rejeter). Les jeunes exemplaires à chapeau fermé sont délicieux conservés à l'huile ou au vinaigre.
Confusions Les cortinaires possèdent une cortine à l'état jeune et des lames rouillées à maturité.

242 CORTINARIUS VIOLACEUS

Cortinaire violet

Description Chapeau de 5 à 15 cm, charnu, bleu-violet sombre, velouté, brunissant en vieillissant. Lames espacées, épaisses, également violet sombre (poudrées de rouille à maturité). Pied renflé à la base en un bulbe spongieux ; de la couleur du chapeau ou plus pâle. Chair violette.
Écologie Bois de feuillus humides. Fin de l'été et automne. Peu courant.
Comestible médiocre Colore tout le plat en violet.
Confusion Sa taille et sa couleur en font un champignon facile à reconnaître.

Les pholiotes forment un ensemble tellement hétérogène qu'elles sont éparpillées dans plusieurs familles. La plupart sont lignicoles, mais *Rozites caperata* (pholiote ridée, **241**) pousse au sol. Cependant, c'est sur des caractères microscopiques (forme des spores) qu'on l'a classée dans les Cortinariacées.

240

241

242

243 CORTINARIUS ORELLANUS

Cortinaire couleur de rocou,
cortinaire des montagnes

Description Chapeau de 3 à 10 cm, bosselé ou mamelonné, roux orangé, ou brun-fauve. Lames espacées, de longueur inégale, jaune orangé, puis roux vif. Pied souvent courbé ou sinueux, un peu aminci à la base ; jaune orangé à fibrilles plus sombres. Chair à odeur de radis.
Écologie Bois de feuillus et bois mixtes, surtout en montagne. Sol acide. Fin de l'été et automne. Assez courant à plutôt rare.
Mortel Provoquant une dégénérescence du foie et des lésions rénales très graves. Les premiers symptômes apparaissent très tard, jusqu'à 15 jours après l'absorption.
Confusion *Laccaria laccata* **(115)** bon comestible **(tableau X, pp. 246-247)**.

244 CORTINARIUS SPECIOSISSIMUS

Cortinaire très joli
Syn. lat. : *C. rubellus*

Description Chapeau de 5 à 12 cm, pelucheux, mamelon pointu à maturité ; brun orangé ou roux orangé. Lames espacées, de la couleur du chapeau. Pied assez long, épaissi vers le bas, de la couleur du chapeau, mais marbré de jaune. Chair jaune à orangée.
Écologie Bois de conifères (épicéas), même tourbeux, sur la mousse. Sol acide. Fin de l'été et automne. Assez courant.
Mortel.
Confusion Comme *C. orellanus* **(243)**.

245 CORTINARIUS BOLARIS

Cortinaire ocre rouge

Description Chapeau de 3 à 6 cm, à écailles cuivrées ou rouge brique sur un fond blanchâtre à jaune. Lames inégales, crème, puis rouille. Pied flexueux ou courbé, également à écailles rougeâtres sur fond jaune. Chair blanche, jaune à la base du pied, mais partout rougeâtre avec l'âge.
Écologie Sous feuillus (hêtres, bouleaux). Sol acide. Fin de l'été et automne. Assez courant.
Suspecté de toxicité.

Il faut se méfier tout particulièrement des cortinaires de couleurs vives ou rousses. De plus, aucun cortinaire dont le chapeau est inférieur à 10 cm de diamètre n'est comestible, et certains d'entre eux sont mortels. La période de latence avant l'apparition des premiers symptômes est très longue : elle est souvent de quelques jours, mais, dans certains cas, elle peut durer plus de 2 semaines.

243

244

245

246 CORTINARIUS ALBOVIOLACEUS
Cortinaire blanc-violet

Description Chapeau de 4 à 10 cm, souvent largement mamelonné, lilas clair ou bleu violacé pâle, soyeux, non visqueux. Lames violacées, puis brun-rouge. Pied robuste, renflé à la base, souvent courbé, plus ou moins floconneux, de même couleur que le chapeau, cortine blanche.
Écologie Bois de feuillus (surtout chênes et hêtres). Sol acide. Automne. Courant.
Comestible médiocre.

247 CORTINARIUS TRAGANUS
Cortinaire à odeur de bouc

Description Chapeau de 3 à 10 cm, bombé, lilas pâle à petites écailles ocre. Lames espacées, ocre jaune, puis brun cannelle. Pied court, bulbeux ou en massue, lilas ou blanchâtre. Cortine discrète.
Écologie Sous conifères ou feuillus, en montagne. Eté-automne. Assez courant.
Non comestible.
Confusion *C. camphoratus* a des lames violacées et une odeur désagréable.

248 CORTINARIUS ANOMALUS
Cortinaire anormal

Description Chapeau de 3 à 8 cm, ocre brun, marge brillante parfois teintée de violet. Lames bleu violacé devenant rouille. Pied long, flexueux, épaissi en bas ; bleu violacé vers le haut, blanc roussissant vers le bas, à anneaux blanchâtres ou ocre plus ou moins nets. Cortine peu abondante. Chair violette dans le sommet du pied.
Écologie Bois de feuillus ou de conifères. En groupes. Fin de l'été et automne. Très courant.
Comestible médiocre.

249 CORTINARIUS PHOLIDEUS
Cortinaire écailleux

Description Chapeau de 4 à 10 cm, couleur cannelle à petites écailles denses, brun-noir. Lames bleu-violet, puis cannelle. Pied souvent courbé, épaissi à la base, bleu-violet au sommet ; ailleurs, de la couleur du chapeau, également écailleux. Chair brunâtre, violette au sommet du pied.
Écologie Essentiellement sous bouleaux ou épicéas des sols tourbeux. Automne. Assez courant.
Non comestible.
Confusions *C. humicola*, également très écailleux, a des lames jamais violacées, et un pied aminci à la base. *Inocybe lanuginosa* **(238)**, plus petit, a des lames pâles. *Pholiota squarrosa* **(280)** a des lames jaunes et pousse en touffes sur le bois vivant.

246 ◁◁

247

248

249

250 CORTINARIUS SANGUINEUS
Cortinaire sanguin

Description Chapeau de 3 à 5 cm, entièrement rouge sang. Lames espacées, de même couleur que le chapeau, puis rouille. Pied s'épaississant vers la base, rouge sang. Chair de même couleur, renfermant un suc également rouge.
Écologie Bois de conifères ou bois mixtes, très humides, même marécageux. Fin de l'été et automne. Assez rare.
Toxique.
Confusion Sa couleur, partout d'un rouge intense, suffit à le déterminer. *C. punicea*, moins rouge, pousse sous les feuillus et porte une cortine ocre.

251 CORTINARIUS SEMISANGUINEUS
Cortinaire semi-sanguin

Description Chapeau de 3 à 6 cm, un peu mamelonné, roussâtre ou cannelle. Lames rouge sang, puis rouille. Pied long, flexueux, un peu épaissi à la base, creux, jaune ou ocre jaune, à base orangée. Chair jaune.
Écologie Sous conifères ou bois mixtes. Sur la mousse ou sur les souches pourrissantes. Automne. Très courant.
Toxique.
Confusion *C. cinnamomeus* **(253)** a des lames orangées. *Laccaria laccata* **(115)**, lui, est comestible **(tableau X, pp. 246-247)**.

252 CORTINARIUS CINNABARINUS
Cortinaire rouge cinabre

Description Chapeau de 3 à 8 cm, rouge vif très brillant. Lames de même couleur, puis brun rouille. Pied droit ou courbé, plus ou moins épaissi à la base, de la couleur du chapeau. Chair jaune orangé à rouge.
Écologie Bois de feuillus (hêtres). Fin de l'été et automne. Peu courant.
Suspecté de toxicité.
Confusion *C. sanguineus* **(250)** a un pied plus grêle, une couleur d'un rouge plus sombre et pousse plus particulièrement sous les conifères.

Les cortinaires sont caractérisés par la cortine qui, chez les jeunes, relie le haut du pied au bord du chapeau. C'est un voile filamenteux ressemblant à de très minces fils de soie. Avec la croissance du champignon, cette cortine se rompt et ne subsiste que sous forme de filaments plaqués contre le pied et colorés en rouille par les spores, formant une sorte d'anneau.

250

251

252

253 CORTINARIUS CINNAMOMEUS
Cortinaire cannelle

Description Chapeau de 3 à 6 cm, parfois mamelonné ; marge ondulée, jaune olivâtre à cannelle. Lames jaune orangé, devenant brunâtres ; nombreuses lamelles et lamellules. Pied long et mince, souvent flexueux, de la couleur du chapeau ou plus clair ; cortine jaunâtre. Chair jaune clair dans le chapeau, brunâtre dans le pied.
Écologie Bois de conifères (pins, épicéas) ou de feuillus (bouleaux). Sol acide et très humide. En groupes. Fin de l'été et automne. Assez courant.
Très toxique.
Confusion C'est le représentant type d'un groupe de cortinaires aux lames jaunâtres ou orangées, de détermination difficile, en raison de la variabilité de leurs caractères *Laccaria laccata* **(115)**, aux lames très espacées et adnées **(tableau X, pp. 246-247)**.

254 CORTINARIUS BULLIARDII
Cortinaire de Bulliard

Description Chapeau de 4 à 8 cm, brun-roux. Lames assez espacées, inégales, violacées, puis brun rouille. Pied renflé à la base ; de la couleur du chapeau ou blanchâtre en haut, rouge intense vers le bas. Chair un peu violette ou grise, roussissant à l'air.
Écologie Sous feuillus (hêtres). Fin de l'été et automne. Assez rare.
Suspecté de toxicité.

255 CORTINARIUS ARMILLATUS
Cortinaire à colliers

Description Chapeau de 5 à 12 cm, ocre brun ou roux, à petites mèches plus foncées. Lames inégales, beiges puis brun rouille. Pied bulbeux, beige à brun, gainé d'un voile rougeâtre rompu en guirlandes rouge brique. Cortine blanche. Chair beige à brune, à odeur de radis.
Écologie Sous feuillus (bouleaux essentiellement). Sol humide et acide. Fin de l'été et automne. Assez courant.
Suspecté de toxicité.
Confusion Sa taille, la couleur du chapeau et son pied annelé de rouge le démarquent des autres cortinaires, excepté peut-être de *C. haematochelis* qui, plus rare, s'en distingue surtout par son habitat sous conifères.

256 CORTINARIUS TORVUS
Cortinaire à pied courbe

Description Chapeau de 5 à 10 cm, brun violacé, couvert de fibrilles soyeuses chez le jeune. Lames espacées, gris-violet, puis rouille. Pied souvent courbé, violacé au-dessus, couvert d'une gaine blanchâtre se terminant en une collerette comme un anneau. Chair grisâtre, violette dans le sommet du pied, très vite véreuse.
Écologie Sous feuillus de montagne (hêtres). Été-automne. Courant.
Non comestible Odeur désagréable.

253

254

255

256

257 CORTINARIUS PALEACEUS

Cortinaire pailleté

Description Chapeau de 2 à 3 cm, à petit mamelon, brun-gris (humide) devenant beige en séchant ; fines mèches blanches et denses sur le bord (surtout jeunes). Lames grisâtres, puis cannelle. Pied long, sinueux, ocre ou brun tigré de blanc. Chair brunâtre à odeur de feuilles de géranium.
Écologie Surtout sous conifères. Automne. Courant.
Non comestible Suspecté de toxicité.
Confusion Se reconnaît à son pied marbré de blanc, aux restes blancs du voile sur le chapeau et à son odeur de géranium. *C. hemitrichus* lui ressemble, mais sans cette odeur.

258 CORTINARIUS PRAESTANS

Cortinaire remarquable, cortinaire de Berkeley

Description Chapeau de 10 à 20 cm, très charnu, un peu visqueux, brun-roux, ou brun chocolat avec parfois des plaques blanches (restes du voile) ; marge ridée. Lames blanc violacé (rouille à maturité). Pied blanchâtre, long (jusqu'à 25 cm), épais (4 à 7 cm), renflé à la base, qui se termine en pointe dans le sol. Chair ferme et blanche.
Écologie Bois de feuillus et bois mêlés. Souvent en groupes. Sol calcaire. Automne. Assez rare.
Bon comestible Le meilleur des cortinaires, d'autant plus intéressant qu'un seul exemplaire peut peser plus de 1 kilo, mais malheureusement plutôt rare.
Confusion Peu de confusions étant donné sa taille.

259 CORTINARIUS VULPINUS

Cortinaire des renards

Description Chapeau de 5 à 10 cm, un peu visqueux, ocre roux ; marge blanchâtre, pelucheuse. Lames lilas sale, puis brun rouille ; nombreuses lamelles et lamellules. Pied souvent sinueux, s'amincissant vers le bas, blanchâtre un peu taché de roux, méchuleux ; cortine abondante, épaisse et blanche.
Écologie Sous les hêtres. Septembre-octobre. Peu courant.
Non comestible.
Confusion Le chapeau roux et blanc, la couleur violacée des lames avant maturité, le voile épais et blanc permettent d'éviter les confusions.

257

258

259

260 CORTINARIUS VARIUS
Cortinaire varié

Description Chapeau de 4 à 10 cm, visqueux, jaune orangé ou fauve, plus pâle au bord. Lames violet lilas, puis ocre brun. Pied blanc, renflé en massue vers le bas, cortine blanche, puis rouille. Chair compacte, ferme, blanche.
Écologie Conifères de montagne (surtout épicéas). Automne. Assez courant.
Assez bon comestible Un des rares cortinaires à avoir quelque valeur gastronomique.
Confusion Facile à reconnaître par son chapeau orangé et ses belles lames violettes chez le jeune. *C. delibutus* **(268)** lui ressemble beaucoup, mais possède un pied visqueux.

261 CORTINARIUS INFRACTUS
Cortinaire à marge brisée

Description Chapeau de 5 à 10 cm, visqueux (surtout à l'humidité) ; diversement coloré selon les variétés : tons gris, brun, olive. Lames initialement brun olive. Pied souvent renflé à la base, parfois bulbeux, blanc sale à ocre sale, un peu violacé au sommet. Saveur amère ou très amère.
Écologie Clairières de bois de feuillus ou de conifères, bordures de bois, dans l'herbe. Fin de l'été et automne. Assez courant.
Comestible sans intérêt.

262 CORTINARIUS PURPURASCENS
Cortinaire purpurescent

Description Chapeau de 5 à 15 cm, convexe, brunâtre ou violacé, visqueux et fibrilleux. Lames lilas, puis rouille, devenant violet-pourpre au froissement. Pied court, de la couleur du chapeau, bulbe volumineux. Chair violacée.
Écologie Bois de conifères, parfois feuillus. Automne. Assez courant.
Comestible médiocre.
Confusion *Lepista nuda* (pied-bleu, **131**) a un chapeau non visqueux et ses lames ne deviennent pas pourpres au toucher.

263 CORTINARIUS GLAUCOPUS
Cortinaire à pied glauque

Description Chapeau de 5 à 10 cm, fauve ou jaune orangé, parcouru de fibrilles roussâtres, plus clair au bord. Lames d'abord lilas pâle, puis rouille ; nombreuses lamelles et lamellules. Pied court et épais, renflé à la base en un bulbe conique à rebord très prononcé (marginé) ; bleu glauque dans le haut, cortine abondante. Chair blanchâtre dans le chapeau, bleuâtre dans le pied.
Écologie Bois de conifères, rarement sous feuillus. Sol plutôt calcaire. Été-automne. Courant.
Comestible Mais, selon les avis, bon ou médiocre.

260
261
◁◁

262

263

264 CORTINARIUS AMOENOLENS

Cortinaire à odeur de prune
Syn. lat. : *C. anserinus*

Description Chapeau de 5 à 12 cm, jaune, ocre ou brun-jaune. Lames gris violacé, puis café au lait. Pied bulbeux, blanchâtre à bleu lilas, taché d'ocre ; cortine abondante, bleu lilas. Chair violet pâle surtout au sommet du pied, à odeur de violette et à saveur amère (surtout la cuticule).
Écologie Sous feuillus (surtout chênes et hêtres). Eté-automne. Assez courant.
Comestible médiocre.

265 CORTINARIUS SPLENDENS

Cortinaire resplendissant

Description Chapeau de 5 à 8 cm, visqueux à l'humidité ; jaune vif, taché de fauve ou de brun. Lames également jaune vif (rouille à maturité). Pied jaune vif, ainsi que la cortine chez le jeune ; gros bulbe marginé également jaune vif. Chair jaune vif.
Écologie Essentiellement sous hêtres, rarement dans les bois mêlés. Sol calcaire. Automne. Peu courant.
Mortel.
Confusion *Tricholoma equestre* (tricholome équestre, **122**) pousse exclusivement sous les conifères des zones non calcaires ; il n'a ni bulbe ni chair jaune vif **(tableau IX, p. 244)**.

266 CORTINARIUS RUFOOLIVACEUS

Cortinaire roux olivacé

Description Chapeau de 7 à 12 cm, brun-rouge, roux, un peu violet sur le bord. Lames jaunâtres ou vert glauque, puis cannelle. Pied jaune-vert, violet au sommet, bulbe marginé, rougissant. Chair blanchâtre à lilas pâle, rosâtre dans le bulbe, de saveur amère.
Écologie Sous feuillus (chênes, hêtres). Sol calcaire. Fin de l'été et automne. Assez courant.
Comestible médiocre.

267 CORTINARIUS VIBRATILIS

Cortinaire scintillant

Description Chapeau de 2 à 5 cm, très visqueux, brillant, jaune orangé à orangé. Pied blanc, glutineux, courbé, souvent épaissi à la base. Chair très amère (surtout la viscosité).
Écologie Bois de feuillus ou de conifères. Automne. Assez courant.
Non comestible C'est le plus amer parmi les cortinaires à chapeau et à pied visqueux.

264

265

266

◁◁

267

268 CORTINARIUS DELIBUTUS

Cortinaire glutineux

Description Chapeau de 4 à 8 cm, très visqueux, jaune doré. Lames lilas, puis rouille. Pied visqueux, élancé, épaissi vers le bas, parfois en massue ; tigré de jaune doré, violet pâle au sommet.
Écologie Sous feuillus et bois mixtes. Sol acide. En groupes. Fin de l'été et automne. Courant.
Comestible sans intérêt.

269 CORTINARIUS COLLINITUS

Cortinaire collinéen

Description Chapeau de 5 à 12 cm, fauve à brun-rouge, plus foncé au centre. Lames claires, puis rouille. Pied blanchâtre couvert d'un voile visqueux bleuté ; ocre vers le bas.
Écologie Sous conifères (surtout épicéas) et bois mixtes. Automne. Assez courant.
Non comestible.

270 CORTINARIUS TRIVIALIS

Cortinaire trivial, cortinaire commun, cortinaire graisseux
Syn. lat. : *Myxacium triviale*

Description Chapeau de 5 à 10 cm, très visqueux, ocre jaune ou fauve. Lames blanc violacé (rouille à maturité). Pied également très visqueux, de la couleur du chapeau, à bourrelets annulaires et écailleux.
Écologie Bois de feuillus (hêtres, chênes…). En groupes. Fin de l'été et automne. Courant.
Comestible sans intérêt Surtout à cause de sa viscosité.

271 CORTINARIUS ELATIOR

Cortinaire élevé
Syn. lat. : *C. lividoochraceus*

Description Chapeau de 5 à 12 cm, visqueux, ridé au moins sur la marge ; jaune, ocre brun ou brun olive. Lames beige sale, puis rouille. Pied long (20 cm au maximum), s'amincissant à la base, blanc et strié au sommet ; voile visqueux et violacé en dessous.
Écologie Surtout sous hêtres, parfois dans les bois mixtes. Automne. Assez courant.
Non comestible.

268

269

270

◁◁

271

272 CORTINARIUS PSEUDOSALOR
Cortinaire presque muqueux

Description Chapeau de 5 à 10 cm, visqueux, ocre fauve. Lames claires, puis couleur du chapeau. Pied blanc et strié sur la partie supérieure ; voile violet et visqueux sur la partie inférieure. Chair bleutée.
Écologie Sous feuillus (chênes et hêtres), parfois sous conifères. Automne. Assez courant.
Non comestible.
Confusions Ressemble beaucoup à *C. elatior* **(271)**, et entre les deux espèces existent de nombreuses formes intermédiaires, si bien que la distinction n'est pas toujours aisée.

273 GYMNOPILUS SPECTABILIS
Pholiote remarquable
Syn. lat. : *Pholiota spectabilis*

Description Chapeau de 8 à 15 cm, épais, jaune à fauve, à mèches rousses. Lames jaunes, puis rouille. Pied épais, plus gros à la base, jaune doré, anneau plus ou moins ample. Chair ferme, saveur amère.
Écologie Sur branches et troncs morts de feuillus (chênes) ou parfois résineux, surtout à la base des troncs. Isolé ou en touffes. Été-automne. Assez courant.
Serait hallucinogène et peut-être toxique. Certaines intoxications graves lui sont imputées.

274 GYMNOPILUS PENETRANS
Gymnopile pénétrant
Syn. lat. : *Flammula penetrans*

Description Chapeau de 3 à 6 cm, jaune orangé à roux. Lames jaune pâle, roussissant. Pied blanchâtre à jaune, à fibrilles plus foncées, soyeux, cortine blanche plus ou moins visible. Chair blanchâtre à saveur très amère.
Écologie Sur branches mortes de conifères. En touffes. Automne. Courant.
Toxique.

275 GALERINA LAEVIS
Galère lisse
Syn. lat. : *G. graminea*

Description Chapeau de 0,5 à 1 cm, convexe, jaune à ocre roux, marge striée. Lames espacées, ocre jaune. Pied jaune pâle, à fibrilles soyeuses blanches.
Écologie Pelouses. Été-automne. Très courant.
Non comestible.

272 ◁◁

273

274

275

276 GALERINA MARGINATA

Galère marginée
Syn. lat. : *Galera marginata*

Description Chapeau de 2 à 7 cm, ocre brun à l'humidité, devenant jaune au sec, marge striée plus ou moins apparente. Pied ocre brun, petit anneau fugace. Chair à forte odeur de farine.
Écologie Sur bois mort de conifères, parfois de feuillus. Souvent en groupes importants. Été-automne. Courant.
Mortel.
Confusion Les grands exemplaires peuvent ressembler à *Kuehneromyces mutabilis* **(277)**, au pied très écailleux, qui pousse en touffes **(tableau XI, p. 248)**. *Laccaria laccata* **(115)**, aux lames très espacées **(tableau X, p. 245)**

277 KUEHNEROMYCES MUTABILIS

Pholiote changeante
Syn. lat. : *Pholiota mutabilis*

Description Chapeau de 3 à 8 cm, de couleur changeante : miel par temps sec, brun-roux à l'humidité ; centre de couleur différente du reste du chapeau. Lames jaunâtres, puis rouille. Pied souvent courbé, couvert de mèches beiges à brunes, sauf au sommet. Chair molle dans le chapeau, très fibreuse dans le pied.
Écologie Sur vieilles souches ou sur bois mort de feuillus (plus rare sur conifères). En touffes. Du printemps à l'automne. Très courant.
Bon comestible jeune Mais uniquement le chapeau, en soupe ou en sauce.
Confusions *Armillaria mellea* (armillaire couleur de miel, **111**), à chapeau écailleux et anneau blanc. *Hypholoma fasciculare* **(289)**, très amer, sans anneau et à lames jaune-vert et *Galerina marginata* **(276)**, à pied lisse, et non en touffes **(tableau XI, p. 248)**.

278 CREPIDOTUS MOLLIS

Crépidote mou

Description Chapeau de 2 à 8 cm, en coquille ou réniforme, très gélatineux, blanchâtre, puis ocre. Lames blanchâtres, puis brunes. Pied très court ou nul. Chair élastique.
Écologie Sur bois de feuillus (morts ou malades). En groupes. Toute l'année. Très courant.
Non comestible.

279 CREPIDOTUS VARIABILIS

Crépidote variable

Description Ressemble à *C. mollis* **(278)**. Chapeau de 1 à 3 cm, blanc, non gélatineux. Lames d'abord blanchâtres, puis rosées, et enfin ocre.
Écologie Sur brindilles de feuillus tombées à terre et autres débris de végétaux ligneux. Toute l'année. Très courant.
Non comestible.

276 ◁◁

277

278

279

280 PHOLIOTA SQUARROSA
Pholiote écailleuse

Description Chapeau de 5 à 15 cm, jaune, mais hérissé d'écailles roussâtres plus ou moins disposées en cercles concentriques. Pied rétrécissant vers le bas, écailleux comme le chapeau et de même couleur, mais lisse au-dessus de l'anneau.
Écologie Sur souches de feuillus (parfois de conifères), à la base des troncs d'arbres vivants. En touffes volumineuses. Automne. Assez courant.
Non comestible À chair trop fibreuse et de saveur médiocre.
Confusion *Armillaria mellea* (armillaire couleur de miel, **111**) a un pied presque lisse et un anneau blanc.

281 PHOLIOTA GUMMOSA
Pholiote gommeuse

Description Chapeau de 4 à 7 cm, visqueux, jaune-vert, brunissant, parsemé de petites écailles brunes. Lames jaune pâle, puis brunes. Pied flexueux, écailleux.
Écologie Sur souches ou bois à demi enterré, semblant alors pousser sur le sol. Isolé ou en touffes. Été-automne. Assez courant.
Comestible médiocre.

282 PHOLIOTA LENTA
Pholiote visqueuse

Description Chapeau de 4 à 10 cm, très visqueux, jaune ou beige à roux, à mèches blanches, moins nombreuses au centre. Lames très serrées, blanches, puis brunes. Pied blanc, densément couvert de mèches blanches.
Écologie Bois de feuillus ou de conifères, sur les feuilles ou le bois décomposé. En groupes. Fin de l'été et automne. Assez courant.
Comestible médiocre.

283 PHOLIOTA HIGHLANDENSIS
Pholiote des charbonnières
Syn. lat. : *P. carbonaria, Flammula carbonaria*

Description Chapeau de 2 à 6 cm, légèrement visqueux, luisant, parfois un peu floconneux, fauve à brun-roux, plus pâle sur la marge. Lames jaunâtres, puis brun-roux. Pied blanc au sommet et roussâtre vers la base, pelucheux.
Écologie Sur lieux brûlés, terrains nus. En groupes. Du printemps à l'automne. Assez peu courant.
Comestible médiocre.
Confusion *P. spumosa* a un chapeau plus visqueux, de couleur jaune vif ou dorée.

280

281

◁◁

282

283

284 STROPHARIA AERUGINOSA
Strophaire vert-de-gris

Description Chapeau de 3 à 8 cm, très visqueux, bleu-vert sale, jaunissant par endroits. Lames blanchâtres, puis brunes. Pied également visqueux, de même couleur que le chapeau, mais à mèches blanches sous l'anneau ; anneau blanc brunissant.
Écologie Sous feuillus ou conifères, également dans les pâturages. Été-automne. Très courant.
Suspecté de toxicité.
Confusion Son chapeau verdâtre gluant empêche toute confusion : les champignons de teinte générale verte sont très rares.

285 STROPHARIA CORONILLA
Strophaire coronille
Syn. lat. : *Geophilla coronilla*

Description Chapeau de 3 à 6 cm, non visqueux, jaune vif ou jaune plus pâle, souvent à flocons blancs sur le bord. Lames d'abord claires, ensuite brun violacé. Pied blanc ; anneau strié, blanc, puis coloré en brun-pourpre par les spores.
Écologie Prairies, pacages, champs. Été-automne. Assez courant.
Non comestible.

286 STROPHARIA SEMIGLOBATA
Strophaire hémisphérique

Description Chapeau de 2 à 5 cm, hémisphérique, visqueux, jaune clair à ocre jaune, brillant. Lames gris pâle, puis gris violacé. Pied mince et long (10 à 14 cm), visqueux, jaune pâle ; petit anneau noircissant.
Écologie Sur excréments de bétail, dans les pâturages. Du printemps à l'automne. Courant.
Non comestible.
Confusion Reconnaissable à son habitat, à la couleur et à la forme du chapeau.

287 PSILOCYBE SEMILANCEATA
Psilocybe lancéolé

Description Chapeau de 1 à 2 cm, conique à sommet très pointu, brun-jaune, visqueux, marge finement striée. Lames grisâtres, puis brun-roux. Pied très mince (1 à 3 mm) et long (5 à 12 cm), de la couleur du chapeau, avec des nuances bleu-vert à la partie inférieure.
Écologie Prés et pâturages. En petits groupes. Fin de l'été à fin de l'automne. Assez courant.
Toxique et hallucinogène Comme tous les psilocybes qui ont des colorations verdâtres ou bleu-violet sur le pied. Cueillette et transport interdits.

284

285

286

◁◁

287

288 PSILOCYBE COPROPHILA

Psilocybe coprophile

Description Chapeau de 1 à 3 cm, souvent mamelonné, brun-roux, plus clair par temps sec, visqueux ; marge finement striée. Lames très espacées, gris clair, puis brun-noir. Pied blanc sale à ocre jaune.
Écologie Dans les prairies pâturées par le bétail. Du printemps à l'automne. Peu courant.
Suspecté de toxicité Comme tous les psilocybes.
Confusion Les mêmes lieux sont fréquentés par *Marasmius oreades* (marasme des oréades, **141**), qui s'en différencie par son pied coriace.

289 HYPHOLOMA FASCICULARE

Hypholome en touffes
Syn. lat. : *Naematoloma fasciculare*

Description Chapeau de 2 à 8 cm, lisse, globuleux, puis s'étalant. Jaune soufre à centre orangé. Lames très serrées, jaunes, puis vert olive. Marge souvent cortinée. Pied long, flexueux, jaune en haut, et roux vers le bas. Chair très amère.
Écologie Sur souches de feuillus ou de conifères. En touffes denses. Été-automne. Très courant.
Toxique.
Confusions La couleur des lames et du chapeau ainsi que la saveur très amère devraient éviter les confusions. *Kuehneromyces mutabilis* **(277)** a un chapeau miel ou roux et une saveur douce **(tableau XI, p. 248)**. *Armillaria mellea* (armillaire couleur de miel, **111**) a un chapeau très écailleux.

290 HYPHOLOMA SUBLATERITIUM

Hypholome couleur de brique
Syn. lat. : *Naematoloma sublateritium*

Description Chapeau de 5 à 10 cm, hémisphérique, rouge brique devenant plus pâle ensuite, à marge plus claire, souvent ornée de mèches blanchâtres chez le jeune. Lames serrées, jaunes, puis brunes. Pied long, finement méchuleux, jaune, puis roussissant vers la base ; cortine blanche, puis brune. Chair jaunâtre, amère.
Écologie Sur bois pourri et sur souches de feuillus ou de conifères. En touffes. Toute l'année, mais surtout en automne. Courant.
Non comestible.
Confusion Sa couleur brique, au centre du chapeau, permet d'éviter les confusions avec d'autres hypholomes.

Hypholoma fasciculare **(289)** et *H. sublateritium* **(290)** figurent parmi les champignons les plus couramment rencontrés sur les souches d'arbres, dans lesquelles ils arrivent à trouver suffisamment d'eau pour fructifier.

288

289

290

291 HYPHOLOMA CAPNOIDES

Hypholome à lames enfumées
Syn. lat. : *Naematoloma capnoides*

Description Comme *H. fasciculare* **(289)**, mais à chapeau ocre jaune, à centre roux. Lames gris pâle, puis violacées, mais jamais teintées de jaune ou de vert. Saveur douce.
Écologie Sur souches de conifères. En touffes. Du printemps à l'automne. Peu courant.
Comestible médiocre Déconseillé en raison de possibles confusions avec des hypholomes toxiques.

292 HYPHOLOMA ELONGATUM

Hypholome à long pied

Description Chapeau de 1 à 3 cm, à marge striée, jaune à orangé. Lames jaunâtres, puis brun lilas. Pied très mince et très long (15 cm au maximum), jaunâtre plus foncé vers la base.
Écologie Dans les sphaignes. Automne. Assez courant.
Non comestible.

293 AGROCYBE PRAECOX

Pholiote précoce
Syn. lat. : *Pholiota praecox*

Description Chapeau de 3 à 8 cm, convexe, peu épais, beige à centre plus foncé, brunâtre par temps humide. Lames blanchâtres, devenant brunes. Pied également blanchâtre ; anneau peu marqué. Chair blanche, à odeur de farine.
Écologie Bois de feuillus, bordures de chemins, dans l'herbe. Printemps-été. Courant.
Comestible Mais moins réputé qu'*Agrocybe aegerita* (pholiote du peuplier, **294**).

294 AGROCYBE AEGERITA

Pholiote du peuplier, pivoulade
Syn. lat. : *Pholiota aegerita, A. cylindracea*

Description Chapeau de 5 à 10 cm, un peu ridé, jaunâtre à noisette, plus foncé au centre, presque blanc en vieillissant. Lames serrées, crème, puis brunes. Pied long, flexueux, fibreux, à anneau plus ou moins persistant, crème, bruni par les spores.
Écologie Sur souches de feuillus (peupliers, saules, sureaux), en touffes. Du printemps à l'automne. Courant dans le sud de la France.
Très bon comestible À chair ferme et croquante. Il fait l'objet de cultures artisanales sur souches ou substrat artificiel.

291

292

◁◁

293

294

295 BOLBITIUS VITELLINUS
Bolbitie jaune d'œuf

Description Chapeau de 3 à 5 cm, très mince, d'abord ovoïde, puis étalé, jaune vif pâlissant dans l'âge, visqueux ; marge largement striée. Lames jaune pâle, puis rouille. Pied mince, blanc-jaune.
Écologie Prairies, sur végétaux en décomposition, compost… Du printemps à l'automne. Assez courant.
Comestible médiocre À chair trop mince.

296 CONOCYBE TENERA
Conocybe délicat

Description Chapeau de 2 à 4 cm, conique, marge striée, crème à brun-roux. Lames d'abord crème, puis rouille. Pied long (10 cm au maximum) et grêle, jaune à roux.
Écologie Prairies, pelouses, bords de chemins. Du printemps à l'automne. Assez courant.
Non comestible.

297 PANAEOLUS FOENISECII
Panéole des moissons

Description Chapeau de 2 à 3 cm, beige rosé (sec) à brun-roux (humide). Lames brunes. Pied brun-rouge.
Écologie Pelouses, prairies, bords des routes. Été-automne. Courant.
Non comestible.

298 PANAEOLUS SPHINCTRINUS
Panéole à gaine

Description Chapeau de 2 à 4 cm, en cloche, à lambeaux pendant du bord du chapeau, gris-brun, plus pâle par temps sec. Lames grises, mais de couleur non uniforme, avec des zones claires et des zones plus foncées, arête blanche. Pied long et mince, de la couleur du chapeau, couvert de pruine blanchâtre ou un peu floconneuse.
Écologie Sur matière organique, bouses de vache décomposées, dans les prairies fumées. Été-automne. Assez courant.
Non comestible, peut-être hallucinogène.
Confusion *P. campanulatus* a également une marge ornée de lambeaux, mais le chapeau est brun-rouge ou châtain.

299 PANAEOLUS SEMIOVATUS
Panéole coprophile
Syn. lat. : *Anellaria semiovata, A. separata*

Description Chapeau de 3 à 6 cm, en cloche, visqueux, blanchâtre à ocre gris. Lames gris noirâtre à arête blanche. Pied blanchâtre, à anneau blanc noircissant.
Écologie Sur excréments, dans les pâturages. Automne. Assez courant.
Non comestible.

295
◁◁

296

297
◁◁

298

299

300 RUSSULA NIGRICANS
Russule noircissante

Description Chapeau de 8 à 20 cm, blanchâtre, puis noircissant par plages. Lames très épaisses, très espacées, alternant avec des lamellules bien visibles, d'abord crème rougissant, puis noircissant au toucher. Pied relativement court (8 cm au maximum), blanchâtre, noircissant au toucher. Chair très ferme, rougissant, puis noircissant à la coupe.
Écologie Bois de feuillus ou de conifères. Été-automne. Très courant.
Comestible médiocre À couleur peu engageante.
Confusion Facile à distinguer grâce à ses lames très espacées et à sa chair, qui, quand on la coupe, devient rouge intense, puis noirâtre.

301 RUSSULA DENSIFOLIA
Russule à feuillets denses

Description Chapeau de 3 à 10 cm, blanchâtre à gris-brun. Lames blanchâtres, fines et très serrées. Pied sensiblement de la même couleur que le chapeau. Chair blanche virant d'abord au rouge à la cassure, puis au gris.
Écologie Bois de feuillus ou de conifères. Été-automne. Commun.
Comestible médiocre.
Confusion *R. nigricans* **(300)** a un chapeau plus foncé.

302 RUSSULA DELICA
Russule sans lait

Description Chapeau de 6 à 15 cm, d'abord convexe, puis s'évasant en entonnoir ; blanc nuancé de jaune ocre. Lames blanches à reflets bleu-vert, très épaisses et très espacées. Pied court, saveur légèrement âcre.
Écologie Bois de feuillus ou de conifères. Été-automne. Très fréquent.
Comestible très médiocre.
Confusion L'absence de lait la distingue des lactaires blancs.

303 RUSSULA FOETENS
Russule fétide

Description Chapeau de 8 à 20 cm, plutôt visqueux ; marge fortement striée, ocre jaune, roussissant ou brunissant avec l'âge. Lames blanchâtres, puis rousses, exsudant des gouttes par temps humide. Pied robuste, blanc devenant ponctué de roux. Chair très âcre, à odeur forte et désagréable.
Écologie Bois de feuillus ou de conifères. Été-automne. Courant.
Non comestible Odeur et saveur repoussantes.

300

301

302

303

304 RUSSULA FELLEA
Russule de fiel, russule amère

Description Chapeau de 5 à 10 cm, jaune à ocre, parfois un peu orangé. Lames jaunes. Pied blanchâtre devenant jaune. Saveur très âcre, odeur fruitée.
Écologie Bois de hêtres essentiellement, mais aussi sous conifères. Automne. Courant.
Non comestible Trop âcre.
Confusion *R. ochroleuca* **(319)** est inodore, a un pied et des lames blancs.

305 RUSSULA EMETICA
Russule émétique

Description Chapeau de 3 à 8 cm, rouge vif. La cuticule se sépare aisément de la chair, qui révèle alors une couleur rose. Lames, pied et chair très fragiles. Saveur très âcre.
Écologie Bois de feuillus et de conifères dans des lieux très marécageux. Été-automne.
Toxique.
Confusion Les russules rouges sont légion (aucune ne mérite de figurer dans un plat).

306 RUSSULA FAGETICOLA
Russule du hêtre

Description Chapeau de 5 à 10 cm, rouge vif uniforme. Pied élancé, blanc. Saveur très âcre.
Écologie Bois de hêtres. Fin de l'été et automne. Courant.
Non comestible.

307 RUSSULA FRAGILIS
Russule fragile

Description Chapeau de 3 à 6 cm, rose sale à violacé, à centre plus sombre. Lames blanches. Pied souvent renflé à la base, blanc. Saveur très âcre.
Écologie Bois de feuillus ou plus rarement de conifères. Été-automne. Courant.
Non comestible.

Russula emetica (russule émétique, **305**) est l'une des plus communes. Elle passe pour être toxique. En fait, elle est d'une saveur tellement piquante qu'on la recrache aussitôt.

304

305

306

307

308 RUSSULA KROMBHOLZII

Russule pourpre et noire
Syn. lat. : *R. atropurpurea*

Description Chapeau de 5 à 10 cm, à marge ondulée, rouge violacé sombre, presque noir au centre. Lames serrées, blanches. Pied blanc, un peu taché d'ocre vers le bas. Chair très ferme à saveur un peu âcre.
Écologie Bois de feuillus (chênes, hêtres) ou de résineux. Été-automne. Courant.
Non comestible.

309 RUSSULA SANGUINEA

Russule sanguine

Description Chapeau de 5 à 10 cm, rouge sang ou rouge-pourpre, se décolorant jusqu'à présenter des plages jaunes. Lames décurrentes, blanchâtres, puis ocre. Pied ayant les mêmes coloris que le chapeau, mais plus pâles. Chair rose sous la cuticule, à saveur un peu âcre.
Écologie Bois de conifères (pins essentiellement). Fin de l'été et automne. Assez courant.
Suspecté de toxicité De toute manière, sa saveur la rend immangeable.

310 RUSSULA CYANOXANTHA

Russule charbonnière

Description Chapeau de 5 à 15 cm. Grande variation de couleurs : le plus souvent violacé, nuancé de gris ou de noir. Pied épais, blanc, parfois teinté de rouge. Lames épaisses, souples et paraissant grasses au toucher, non cassantes. Chair blanche. Saveur douce ou légèrement âcre.
Écologie Bois de feuillus ou de conifères. Été-automne. Très fréquent.
Très bon comestible.
Confusions *R. heterophylla* présente parfois les mêmes teintes. *Amanita phalloides* (amanite phalloïde, **212**, et **tableau II, pp. 230-233**).

311 RUSSULA VESCA

Russule comestible

Description Chapeau de 5 à 10 cm, de coloration très variable, mais souvent rosé à brun. Fréquemment, la cuticule ne recouvre pas entièrement la marge du chapeau. Lames très fourchues, blanches, piquées de rouille. Pied blanc, parfois teinté de rose.
Écologie Bois de feuillus ou de conifères. Sol acide. Fin du printemps à l'automne. Très courant.
Bon comestible.
Confusions Elles peuvent être nombreuses, par exemple avec *R. heterophylla*, *R. badia*.

308

309

◁◁

310

311

312 RUSSULA VIRESCENS

Russule verdoyante, palomet

Description Chapeau de 8 à 15 cm, très ferme, à surface gercée, écailleuse, vert glauque. Lames blanchâtres. Pied blanc.
Écologie Bois de feuillus (chênes, châtaigniers), dans l'herbe. Été-automne. Assez courant.
Très bon comestible C'est la meilleure des russules, même crue. Sa chair très ferme, est hélas ! également convoitée par les vers.
Confusion Facile à identifier, il faut cependant se méfier de *Amanita phalloides* (amanite phalloïde, **212**), qui peut également avoir un chapeau verdâtre, mais toujours avec une volve et un anneau **(tableau II, pp. 230-233)**.

313 RUSSULA XERAMPELINA

Russule feuille morte

Description Chapeau de 5 à 12 cm, un peu visqueux, rouge-pourpre à centre noirâtre, parfois délavé. Lames crème, puis jaune sale. Pied robuste épaissi à la base, plus ou moins teinté de rose. Chair blanche brunissant au froissement, dont l'odeur est qualifiée de « crustacé cuit ».
Écologie Bois de résineux (pins sylvestres). Fin de l'été et automne. Courant.
Comestible médiocre À odeur peu agréable.

314 RUSSULA INTEGRA

Russule entière

Description Chapeau de 5 à 12 cm, de couleur très variable, mais souvent brun, parfois teinté de jaune, de verdâtre ou de pourpre, brillant. Lames assez serrées, longtemps blanches, puis jaune vif. Pied robuste, blanc, un peu roussâtre vers le bas. Chair très ferme, blanche, de saveur douce.
Écologie Bois de conifères d'altitude. En groupes. Été-automne. Très courant.
Bon comestible Certains lui trouvent une saveur de noisette. D'autres l'estiment médiocre.
Confusion *R. badia* pousse dans les mêmes milieux, mais elle a un pied plus ou moins teinté de rose et surtout une saveur extrêmement âcre (au bout d'un certain temps).

Chez les russules, l'observation de la couleur du chapeau ne donne qu'une maigre idée de l'espèce (sauf pour quelques-unes, très caractéristiques), tant cette couleur est sujette à des variations d'un spécimen à l'autre, d'autant plus que deux ou trois teintes sont souvent mêlées. Le pied, au contraire, offre une certaine uniformité : il est souvent entièrement blanc ou un peu coloré par endroits.

312

313

314

315 RUSSULA LEPIDA

Russule jolie
Syn. lat. : *R. rosacea*

Description Chapeau de 4 à 10 cm, dur, se déprimant peu, rouge vif, à cuticule non séparable de la chair. Lames serrées. Pied blanc ou rosâtre, très dur. Chair très dure à odeur de menthe.
Écologie Surtout dans les bois de feuillus (hêtres). Été-automne. Courant.
Comestible médiocre À odeur trop forte.
Confusion C'est la russule qui possède la chair la plus dure, que l'on compare à une pomme verte. *R. emetica* **(305)** a une chair qui devient molle avec l'âge, et une saveur très âcre.

316 RUSSULA MACULATA

Russule tacheté

Description Chapeau convexe, charnu puis aplati, de couleur variable, rouge, cuivré abricot, plus ou moins ocracé, parfois entièrement décoloré mais toujours taché de rouille. Lames jaune ocracé maculées de rouille de même que le pied trapu, blanc. Chair blanche brunissante de saveur plus ou moins âcre.
Écologie Préfère le couvert des feuillus calcicoles (surtout chênes…). Été-automne. Espèce présentant de nombreuses formes ou variétés. Très commune dans le Midi.
Non comestible.

317 RUSSULA RISIGALLINA

Russule caméléon
Syn. lat. : *R. lutea, R. chamaeleontina*

Description Chapeau de 2 à 5 cm, devenant largement déprimé, de couleur très variable selon les variétés : entièrement jaune vif, ocre jaune, rose à centre jaune, etc. Lames jaune d'œuf, brunissant ensuite. Pied mou, creux blanc. Chair d'abord assez ferme, puis mollissante, de saveur douce.
Écologie Bois de feuillus ou de conifères. Été-automne. Très courant.
Comestible sans intérêt.
Confusions Comme son nom l'indique, cette russule peut revêtir diverses livrées. On la reconnaît surtout à son pied fragile, creux et mou, et à ses lames jaune doré.

S'il est relativement aisé de mettre l'étiquette « russule » à un champignon, en revanche, la détermination de l'espèce est parfois très difficile, même pour des spécialistes. Les innombrables russules rouges en sont un bon exemple.

315

316

317

318 RUSSULA TURCI
Russule de Turco

Description Chapeau de 5 à 10 cm, très visqueux à l'humidité, et conservant toujours un peu de viscosité dans la dépression. Couleur très variable : violet améthyste, brun-pourpre, rouge vineux, avec souvent un cercle plus foncé au centre. Lames crème à ocre. Pied blanc pur, parfois teinté de rose par endroits. Odeur d'iode à la base du pied.
Écologie Bois de résineux (pins). Été-automne. Assez courant.
Comestible sans intérêt.
Confusion *R. amethystina*, qui pousse dans les mêmes lieux, lui ressemble étonnamment, et il est très difficile de les distinguer.

319 RUSSULA OCHROLEUCA
Russule ocre et blanche

Description Chapeau de 4 à 10 cm, jaune vif à ocre, parfois tirant sur le vert, brillant. Lames blanches ou crème, pied strié, blanc au début, puis grisonnant par la suite. Saveur plus ou moins âcre.
Écologie Bois de feuillus ou de conifères. Sol acide. En groupes de nombreux individus. Été-automne. Très courant.
Non comestible.

320 RUSSULA OLIVACEA
Russule olivacée

Description Chapeau de 10 à 20 cm, creusé de petites rides concentriques, à dominante vert olive, mais nuancé de brun, gris, pourpre, etc. Lames serrées, crème, puis jaune orangé. Pied robuste, blanc, teinté de rose par endroits. Chair douce.
Écologie Bois de feuillus (hêtres, chênes) et sous épicéas en montagne. Été-automne. Très courant.
Bon comestible.
Confusion On reconnaît cette russule à sa grande taille, à son pied plus ou moins rosé, et aux petits sillons concentriques sur le chapeau. *R. alutacea* lui ressemble beaucoup, mais elle est plus petite et son chapeau est plus coloré.

Les russules forment, avec les lactaires, un groupe homogène (Russulales) différent des autres champignons à lamelles. Leur chair n'est pas fibreuse comme chez ces derniers, mais grenue, c'est-à-dire qu'à la cassure (surtout au niveau du pied), la chair ne se déchire pas en fibres ou en lanières, mais elle casse net. L'autre grande particularité concerne les spores, qui sont hérissées de pointes ou d'aspérités.

318

319

320

321 LACTARIUS PIPERATUS
Lactaire poivré, vache blanche

Description Chapeau de 5 à 15 cm, blanc crème, un peu bosselé. Lames très fines et très serrées, blanches ou crème. Pied aminci à la base. Chair blanche à lait blanc, de saveur très piquante.
Écologie Bois de feuillus ou mixtes. En groupes. Été-automne. Courant.
Comestible médiocre Bien que de saveur très âcre, il est consommé dans les pays de l'Est, où on l'utilise également en guise de poivre (séché, puis réduit en poudre).

322 LACTARIUS VELLEREUS
Lactaire velouté

Description Chapeau de 10 à 25 cm, épais, ferme, se creusant en entonnoir, blanc crème, taché de roux, couvert d'un fin duvet qui lui donne un aspect velouté. Lames de même couleur. Pied court (8 cm au maximum), très gros (4 cm), aminci à la base, dur, blanc. Chair ferme, à lait blanc peu abondant, de saveur âcre.
Écologie Bois de feuillus essentiellement, bordures. En groupes. Été-automne. Très courant.
Comestible très médiocre.

323 LACTARIUS TORMINOSUS
Lactaire à toison, lactaire à coliques

Description Chapeau de 5 à 10 cm, rose orangé, couvert d'une toison laineuse blanchâtre (surtout au début). Lames crème à rosées. Pied de même couleur. Chair ferme, blanche, à lait blanc, de saveur très âcre.
Écologie Bois de feuillus, surtout sous les bouleaux. Été-automne. Assez courant.
Toxique Provoquant de sérieuses coliques.
Confusions *L. deliciosus* (lactaire délicieux, **330**) et *L. sanguifluus* (lactaire sanguin, **329**) ont les lames, la chair et le lait orangés.

324 LACTARIUS ACERRIMUS
Lactaire très âcre

Description Chapeau de 8 à 15 cm, profondément creusé en entonnoir, crème à ocre jaune, marqué de cercles concentriques plus ou moins apparents. Lames entrecoupées par de nombreuses lamelles et lamellules, crème, brunissantes. Pied court (5 cm au maximum), courbé, de la couleur du chapeau. Chair très âcre, à lait abondant, blanc immuable, dont l'odeur est fruitée.
Écologie Bois et taillis de feuillus (chênes, charmes), souvent en bordure de sentiers. Été et début de l'automne. Peu courant à assez courant.
Non comestible.
Confusion Présent dans les mêmes milieux, *L. zonarius* a un chapeau marqué de cercles concentriques plus apparents, et une saveur qui est d'abord douce avant de se révéler âcre.

321

322

323
◁◁

324

325 LACTARIUS PYROGALUS

Lactaire à lait brûlant

Description Chapeau de 5 à 12 cm, ocre jaune à brun olive, marqué de cercles concentriques plus ou moins apparents. Lames espacées, ocre orangé. Chair blanche à lait blanc de saveur très âcre, et à odeur fruitée.
Écologie Bois et taillis de feuillus (surtout noisetiers). Fin de l'été et automne. Courant.
Suspecté de toxicité.

326 LACTARIUS CIRCELLATUS

Lactaire à lait abondant

Description Comme *L. pyrogalus* **(325)**, mais le chapeau présente souvent des zones concentriques alternativement claires et foncées plus marquées. Il prend une teinte plus violacée avec l'âge. Saveur moins âcre.
Écologie Bois et taillis de feuillus (charmes essentiellement). Été-automne. Assez courant.
Non comestible.

327 LACTARIUS PLUMBEUS

Lactaire plombé (couleur de plomb)
Syn. lat. : *L. necator*

Description Chapeau de 5 à 20 cm, brun olive ou gris-brun, visqueux ; poils gris collés sur le bord du chapeau. Lames serrées crème devenant brunes ou verdissantes. Pied trapu, visqueux, un peu plus pâle que le chapeau. Chair blanc sale à lait blanc devenant jaune-vert en séchant, de saveur très âcre.
Écologie Bois de feuillus (avec bouleaux) ou bois de conifères (avec épicéas). Sol acide. Été-automne. Courant.
Non comestible.

328 LACTARIUS BLENNIUS

Lactaire muqueux

Description Chapeau de 5 à 10 cm, très visqueux, brun verdâtre à taches plus sombres. Lames blanches virant au gris au froissement. Pied visqueux de la couleur du chapeau, ou plus pâle. Chair à lait blanc devenant gris-vert en séchant, de saveur âcre.
Écologie Bois de feuillus (surtout hêtres). Été-automne. Très courant.
Non comestible.

325

326

327
◁◁

328

329 LACTARIUS SANGUIFLUUS
Lactaire sanguin

Description Ressemble à *L. deliciosus* (lactaire délicieux, **330**), mais avec un chapeau plus terne et plus sombre de teinte rousse et non jaune orangé, et surtout à lait rouge sang (verdissant ensuite).
Écologie Bois de pins (pin sylvestre, pin d'Alep, pin noir…) Plutôt en sol calcaire. Automne. Courant dans le Midi, peu courant dans le Nord.
Excellent comestible C'est le meilleur des lactaires. On l'apprête surtout au gril, assaisonné d'une persillade.

330 LACTARIUS DELICIOSUS
Lactaire délicieux

Description Chapeau de 5 à 12 cm, orange vif, variant entre le jaune et le roux, parfois taché de verdâtre avec l'âge. Lames orange, tachées de vert aux blessures. Pied assez épais, creux, également orangé, ponctué de petites fossettes plus sombres. Chair ferme chez les jeunes, rouge carotte, à lait de même couleur. Odeur fruitée.
Écologie Bois de résineux (essentiellement pins). Sol acide. En groupes. Automne. Très courant.
Bon comestible jeune Les exemplaires plus âgés sont souvent attaqués par des vers. On le prépare surtout au gril.

331 LACTARIUS DETERRIMUS
Lactaire de l'épicéa

Description Comme *L. deliciosus* (lactaire délicieux, **330**), mais à chapeau moins orangé, plus terne, verdissant plus facilement, à lait également orangé, mais rouge en une demi-heure. Le pied est cerné de blanc juste sous les lames.
Écologie Ne pousse que sous les épicéas, parfois en sol tourbeux.
Bon comestible Mais moins apprécié que *L. deliciosus*.

332 LACTARIUS SALMONICOLOR
Lactaire couleur saumon

Description Chapeau de 5 à 15 cm jaune orangé vif. Lames rose saumoné. Pied orangé. Chair renfermant un lait orange.
Écologie Sous sapins. Automne. Assez courant.
Comestible médiocre À saveur de résine.
Confusions Se distingue de *L. deliciosus* (lactaire délicieux, **330**) et de *L. sanguifluus* (lactaire sanguin, **329**) par sa belle couleur orangée, sans trace de vert, et par son habitat.

329
◁◁

330

331

332

333 LACTARIUS FLAVIDUS
Lactaire jaunâtre, lactaire jaune à lait violet

Description Chapeau de 5 à 12 cm, un peu visqueux, jaune clair, parfois maculé de brun-violet. Lames blanches, puis jaune pâle, noir violacé au froissement. Pied jaune pâle se tachant de brun-violet au toucher. Lait blanc virant au rouge-violet, mais restant blanc si on l'isole de la chair.
Écologie Bois de feuillus. Sol tourbeux. Été-automne. Assez rare à assez courant.
Non comestible.
Confusions D'autres lactaires ont un lait devenant violet à la coupe : *L. repraesentaneus,* à chapeau poilu sur la bordure ; *L. aspideus,* qui pousse sous les aulnes et sous les saules.

334 LACTARIUS RUFUS
Lactaire roux

Description Chapeau de 5 à 10 cm, à petit mamelon, brun-rouge ou couleur brique. Lames serrées, crème, roussissant. Pied plus pâle que le chapeau. Chair à lait blanc d'une saveur très âcre.
Écologie Bois de conifères. Sol acide. Été-automne. Courant.
Non comestible.

335 LACTARIUS GLYCIOSMUS
Lactaire à odeur suave,
lactaire à odeur de noix de coco

Description Chapeau de 2 à 5 cm, velouté, beige à gris-roux, avec parfois des teintes rose violacé. Lames crème à orangées. Chair à lait peu abondant, blanc, de saveur un peu âcre. Odeur rappelant la noix de coco.
Écologie Sous feuillus (bouleaux), dans l'herbe. Sol acide, même tourbeux. Été-automne. Assez courant.
Non comestible.

336 LACTARIUS CHRYSORRHEUS
Lactaire à lait jaune

Description Chapeau de 4 à 8 cm, orangé pâle, à cercles concentriques plus foncés, parfois sous forme de taches. Lames crème devenant orangées. Chair blanche à lait blanc, abondant, virant au jaune soufre en quelques minutes. Saveur amère, puis très âcre.
Écologie Bois de feuillus (chênes, hêtres, châtaigniers), et parfois bois mêlés. Été-automne. Très courant.
Toxique.
Confusion On ne peut guère le confondre qu'avec *L. decipiens*, qui possède également un lait jaunissant et une saveur âcre, mais son chapeau est ocre roux et il dégage une forte odeur de géranium.

333

334

335

336

337 LACTARIUS QUIETUS
Lactaire tranquille, lactaire modeste

Description Chapeau de 5 à 10 cm, roux, avec des taches plus foncées disposées en cercles concentriques. Lames crème devenant roussâtres. Pied de la couleur du chapeau, plus foncé vers la base. Chair blanchâtre un peu roussissante à l'air, de saveur douce ; odeur désagréable de punaise des bois.
Écologie Presque exclusivement sous les chênes, surtout sur sol acide. Été-automne. Très courant.
Comestible très médiocre.

338 LACTARIUS SUBDULCIS
Lactaire presque doux, lactaire douceâtre

Description Chapeau de 3 à 6 cm, brun-roux, mat, très finement rugueux. Lames crème, puis ocre roux. Pied courbé, orangé pâle, plus clair au sommet. Chair roussâtre à lait blanc, d'abord douce avant de se révéler âcre.
Écologie Essentiellement sous les hêtres, parfois sous d'autres espèces. Été-automne. Assez courant.
Non comestible.

339 LACTARIUS VOLEMUS
Lactaire à lait abondant, vachette

Description Chapeau de 5 à 15 cm, fauve orangé, plus foncé au centre. Lames crème, puis ocre brun. Chair blanche, brunissant à l'air dans le chapeau, à lait très abondant. Odeur de hareng. Saveur douce.
Écologie Bois de feuillus ou de conifères. Été-automne. Assez courant.
Comestible médiocre.

340 LACTARIUS CAMPHORATUS
Lactaire camphré

Description Chapeau de 3 à 7 cm, roux foncé ou brun-roux. Lames serrées, rousses. Pied de la couleur du chapeau, plus foncé vers la base. Chair à lait blanc, de saveur douce.
Écologie Bois de feuillus ou de conifères. Été-automne. Assez courant.
Comestible très médiocre Il peut à la rigueur servir de condiment après dessiccation : il prend alors une forte odeur de chicorée torréfiée.

Aucun lactaire n'est véritablement très dangereux, mais seules quelques espèces à lait rouge ou orangé valent la peine d'être goûtées.

337

338

339

340

341 HYGROPHOROPSIS AURANTIACA

Clitocybe orangé, fausse girolle
Syn. lat. : *Clitocybe aurantiaca*

Description Chapeau de 3 à 8 cm, à marge enroulée, creusé en entonnoir avec l'âge, orange vif. Lames longuement décurrentes, très fourchues, rouge orangé. Pied mince, orange, brunissant ou noircissant à la base. Chair flasque et molle.
Écologie Bois de conifères (essentiellement les pins sylvestres), au sol ou sur des souches dégradées. En groupes. Automne. Très courant.
Comestible moyen On lui a attribué certains cas de troubles hallucinatoires, mais il s'agissait probablement de confusions avec *Omphalotus olearius* (pleurote de l'olivier, **342**).
Confusions *Omphalotus olearius* (pleurote de l'olivier, **342**) pousse en touffes sur des souches de feuillus exclusivement. *Cantharellus cibarius* (girolle, **69**) est plus charnu, à chair plus ferme, à lames non fourchues et à pied jamais brunissant.

342 OMPHALOTUS OLEARIUS

Pleurote de l'olivier, clitocybe de l'olivier
Syn. lat. : *Clitocybe olearia*

Description Chapeau de 6 à 12 cm, se creusant en entonnoir, fissuré avec l'âge, jaune orangé à brun-rouge. Lames très décurrentes et très serrées, jaune orangé, facilement séparables du reste du chapeau. Pied long, souvent excentré, strié, de la couleur du chapeau. Chair fibreuse, jaune vif.
Écologie À la base des troncs, sur les souches de feuillus (oliviers), ou au sol, sur les racines enfouies. En touffes. Été-automne. Assez courant dans le Sud.
Très toxique.
Confusions *O. illudens*, très proche, pousse plus au nord, sur les chênes principalement. *Hygrophoropsis aurantiaca* (fausse girolle, **341**) est plus petit, à lames très bifurquées, et pousse sous les conifères. *Cantharellus cibarius* (girolle, **69**), jaune éclatant, à chair blanchâtre et non fibreuse, peut être confondu avec des spécimens isolés au sol du pleurote de l'olivier **(tableau XII, p. 249)**.

343 PAXILLUS INVOLUTUS

Paxille enroulé

Description Chapeau de 5 à 15 cm, parfois plus, à marge longtemps recourbée vers le bas, fauve-roux ou brun-jaune. Lames très serrées, décurrentes, fourchues, facilement séparables du chapeau ; beiges, puis rouille, devenant brunes au toucher. Pied variable, central ou un peu excentré, aminci à la base. Chair molle, claire, mais brunissant à l'air.
Écologie Bois de feuillus (bouleaux) ou de conifères sur terrains acides et tourbeux, parfois sur les pelouses. Du printemps à l'automne. Très courant.
Très toxique, pouvant être mortel à l'état cru.

341

342

343

344 PAXILLUS ATROTOMENTOSUS
Paxille à pied noir

Description Chapeau de 10 à 25 cm, convexe, puis creusé en entonnoir, mais à marge longtemps recourbée vers le bas, brun-jaune à brun-noir velouté. Lames serrées, décurrentes, ramifiées, séparables du reste du chapeau, crème à jaune, brunissant au toucher. Pied court et épais, souvent excentré, recouvert d'un duvet brun-noir très dense. Chair molle, spongieuse, brune dans le pied. Saveur amère.
Écologie Sur souches de conifères, en touffes. Été-automne. Assez courant.
Non comestible, peut même être toxique.
Confusion Deux caractères le font plus particulièrement reconnaître : la grande taille du chapeau et le pied entièrement noir…

345 GOMPHIDIUS GLUTINOSUS
Gomphide glutineux

Description Chapeau de 5 à 10 cm, à marge enroulée, reliée au pied par un voile glutineux chez les jeunes ; d'abord café au lait, puis brun-rouge : très visqueux. Lames espacées, décurrentes, très facilement détachables du reste du chapeau ; blanchâtres, puis noirâtres. Pied blanchâtre, jaune vif à la base, visqueux sous un anneau de mèches brunes.
Écologie Bois de conifères (épicéas), surtout en lisière. Été-automne. Assez courant.
Bon comestible Mais sa chair noircit à la cuisson. Il faut éliminer la couche visqueuse à la récolte.

346 CHROOGOMPHUS RUTILUS
Gomphide visqueux
Syn. lat. : *Gomphidius viscidus*

Description Chapeau de 5 à 15 cm, mamelonné, à marge enroulée, brun-roux ou rouge vineux, plus pâle en vieillissant, visqueux. Lames espacées, décurrentes, facilement séparables du reste du chapeau, ocre sale devenant brunes. Pied long, fauve, à anneau plus ou moins visible au sommet. Chair jaune orangé, à tendance rougissante.
Écologie Bois de conifères (pins). Fin de l'été et automne. Assez courant.
Assez bon comestible Moins apprécié que *Gomphidius glutinosus* **(345)**.

347 GYROPORUS CASTANEUS
Bolet châtain, cèpe marron

Description Chapeau de 5 à 10 cm, roux-châtain, ou fauve. Pores petits, blanc pur, puis jaune clair, brunissant ensuite. Pied bosselé, plus ou moins creux, de la couleur du chapeau. Chair très ferme, blanche, immuable, d'odeur et de saveur agréables.
Écologie Bois de feuillus (chênes) ou parfois de conifères. Sol acide. Été-automne. Peu courant.
Comestible Légère amertume cependant.

344

345 ◁◁

346

347

348 CHALCIPORUS PIPERATUS
Bolet poivré

Description Chapeau de 5 à 12 cm, cuivré, brun-jaune. Tubes légèrement décurrents. Pores larges, de la couleur du chapeau. Pied souvent courbé, jaune à rougeâtre, mais à la base jaune vif. Chair jaune clair dans le chapeau, jaune vif à la base du pied. Saveur très poivrée.
Écologie Bois de conifères (pins, épicéas) ou bois de feuillus (chênes, bouleaux), lisières. Été-automne. Assez courant.
Non comestible Trop poivré.

349 SUILLUS GREVILLEI
Bolet élégant
Syn. lat. : *Boletus elegans*

Description Chapeau de 5 à 10 cm, jaune citron à roux orangé, très visqueux. Pores jaunes, virant au roux au toucher. Pied portant un voile blanc à jaune chez le jeune, se rompant en laissant un anneau de même couleur. Chair jaune vif se veinant de violacé à la coupe.
Écologie Exclusivement sous mélèzes. Été-automne. Assez courant.
Comestible médiocre Ôter la cuticule, qui est trop visqueuse.

350 SUILLUS LUTEUS
Bolet jaune, nonnette voilée

Description Chapeau de 5 à 12 cm, très visqueux, ocre, brun-roux ou chocolat, à cuticule facilement séparable. Pores jaune vif, puis verdissants. Pied blanc à jaune, granuleux au sommet, anneau large, d'abord blanc, puis brun violacé.
Écologie Sous pins uniquement, dans l'herbe : pins sylvestres, pins maritimes… En groupes. Automne. Très courant, surtout sur la façade atlantique et dans les régions méridionales.
Très bon comestible Mais il faut enlever la cuticule visqueuse et ne consommer que de jeunes champignons, à chair plus ferme.

351 SUILLUS GRANULATUS
Bolet granuleux, cèpe jaune des pins, nonnette pleureuse

Description Chapeau de 5 à 12 cm, jaune-orange à brun-roux, visqueux, brillant, à cuticule facilement détachable. Pores jaunes, puis roussissants, laissant perler des gouttes laiteuses chez les jeunes. Pied blanc à jaune clair, granuleux, exsudant les mêmes gouttes que les pores.
Écologie Uniquement sous les pins, dans l'herbe (pins sylvestres, pins maritimes, pins d'Alep…). En groupes. Été-automne. Très courant, surtout sur la façade atlantique.
Bon comestible Mais légèrement laxatif. La cuticule visqueuse doit être enlevée.

348

349

350

351

352 SUILLUS VARIEGATUS
Bolet tacheté, bolet moucheté

Description Chapeau de 5 à 15 cm, ocre jaune à brun-jaune, finement granuleux. Pores jaunâtres, puis brun-vert. Pied de la couleur du chapeau ou plus pâle. Chair jaune, bleuissant légèrement à la coupe.
Écologie Bois de pins, même en montagne, parmi les bruyères ou les myrtilles. Été-automne. Assez courant.
Comestible très médiocre.

353 SUILLUS BOVINUS
Bolet des bouviers

Description Chapeau de 5 à 10 cm, ocre, bosselé, luisant, visqueux. Tubes décurrents, à pores grands et anguleux, jaune-vert, brunissant au toucher. Pied assez grêle, souvent flexueux, parcouru de fibres rougeâtres en vieillissant ; parfois filaments rose orangé à la base.
Écologie Sous les pins, dans les landes. Sol acide. En groupes. Été-automne.
Comestible médiocre À chair molle. Champignon délaissé aux bouviers par les seigneurs du Moyen Âge.

354 XEROCOMUS SUBTOMENTOSUS
Bolet subtomenteux

Description Chapeau de 5 à 12 cm, brun olive velouté, parfois gercé. Pores jaune d'or, verdissant, non ou peu bleuissant au toucher. Pied jaune vif au sommet.
Écologie Bois de feuillus ou de conifères. Sol plutôt acide. Été-automne. Assez courant.
Comestible médiocre.
Confusion *X. chrysenteron* **(355)** est coloré de rouge dans les crevasses ou les blessures du chapeau.

355 XEROCOMUS CHRYSENTERON
Bolet à chair jaune

Description Chapeau de 5 à 10 cm, de couleur variable, gris-jaune, brun verdâtre, chamois, d'abord velouté, puis se craquelant, laissant apparaître une chair rougeâtre. Pores jaunes, puis vert olive, bleuissant un peu au toucher. Pied jaune plus ou moins strié de rouge. Chair molle, jaune citron, rouge sous la cuticule, bleuissant légèrement à l'air.
Écologie Bois de feuillus ou de conifères. Sol acide. Été-automne. Très courant.
Comestible médiocre À chair trop molle.

352

353

354

◁◁

355

356 XEROCOMUS BADIUS
Bolet bai

Description Chapeau de 5 à 15 cm, châtain (bai) uniforme, visqueux à l'humidité, velouté par temps sec. Pores jaunes, verdissant de suite au toucher. Pied ocre jaune à brun, strié longitudinalement. Chair molle dans le chapeau, blanc-jaune, bleuissant faiblement à l'air.
Écologie Bois de feuillus (chênes, hêtres, châtaigniers) ou de conifères. Sol acide. Automne (septembre-octobre). Très commun.
Très bon comestible Cependant, le pied trop dur doit être rejeté.

357 XEROCOMUS PULVERULENTUS
Bolet pulvérulent, bolet radicant

Description Chapeau de 5 à 12 cm, couleur variant de l'ocre au châtain, velouté. Pores jaune vif, puis vert sale, devenant bleu sombre au toucher. Pied jaune au sommet, brun-roux vers le bas. Chair jaune, virant immédiatement au bleu intense à la coupe, puis brunissante.
Écologie Bois de feuillus ou de conifères, en lisières, bords de chemins. Été-automne. Plutôt rare.
Comestible médiocre.

358 BOLETUS CALOPUS
Bolet à beau pied

Description Chapeau de 8 à 15 cm, beige à café au lait. Pores petits, jaunes, verdissant au toucher et à maturité. Pied renflé, jaune vers le haut, rouge vif à la base, orné d'un réseau très apparent, blanc vers le haut. Chair ferme, crème, bleuissant à la coupe, saveur amère.
Écologie Bois de feuillus ou de conifères. Sol acide. Été-automne. Assez courant.
Non comestible.
Confusions *B. erythropus* (bolet à pied rouge, **364**) a un chapeau plus foncé et des pores rouges. *B. satanas* (bolet Satan, **366**) a également des pores rouges, mais un chapeau clair.

359 BOLETUS REGIUS
Cèpe royal

Description Chapeau de 10 à 15 cm, vergeté, rouge groseille à rouge vineux. Pied ventru, jaune vif, à réseau plus ou moins coloré de rose ; base souvent rose lilas. Pores jaunes vif. Chair dure, jaune, bleuissant très peu à la coupe. Odeur agréable.
Écologie Pousse sous chênes ou châtaigners. Sol acide. Été-automne.
Très bon comestible.
Confusion *B. impolitus* est souvent marqué d'un cercle rouge vers le haut du pied, qui ne possède pas de réseau, et sa chair reste blanche à la coupe.

356
◁◁

357

358

359

360 BOLETUS PINOPHILUS

Cèpe des pins
Syn. lat. : *Boletus pinicola*

Description Chapeau de 5 à 20 cm, souvent bosselé, brun-rouge, acajou. Pores blancs devenant verdâtres. Pied très renflé, blanc teinté d'ocre, surtout à la base, à réseau fin et blanc vers le haut. Chair blanche, rouge vineux sous la cuticule.
Écologie Bois de résineux (pins sylvestres surtout), mais parfois sous feuillus. Sol acide. Été-automne. Assez courant dans le Sud, plutôt rare dans le Nord.
Excellent comestible À chair très ferme.

361 BOLETUS EDULIS

Cèpe de Bordeaux

Description Chapeau de 5 à 20 cm (et plus), fauve, noisette ou plus brun, visqueux par temps de pluie. Pores blancs, puis jaunes et enfin vert olive. Pied renflé à la base, blanc à brun clair, à réseau bien marqué sur la moitié supérieure. Chair blanche, mais rose sous la cuticule.
Écologie Bois de feuillus (chênes, châtaigniers) ou de conifères (épicéas, pins sylvestres, sapins), bois mixtes, taillis. Surtout sur sol acide. Été et surtout automne. Très courant certaines années, au cours desquelles il peut pousser en groupes importants.
Excellent comestible surtout jeune Par la suite, la chair s'amollit rapidement. Très recherché pour la consommation personnelle ou pour la vente.
Confusion *Tylopilus felleus* **(367)** a un réseau de couleur foncée et des pores rosissant.

362 BOLETUS AESTIVALIS

Cèpe d'été, cèpe réticulé

Description Comme *B. edulis* (cèpe de Bordeaux, **361**), mais de couleur plus claire et plus uniforme, ocre à chamois, à chair plus molle et blanche sous la cuticule.
Écologie Sous feuillus (chênes, charmes). Mai à septembre. Très courant.
Très bon comestible La chair est cependant moins ferme que les autres cèpes, et souvent véreuse.
Confusion On le confond souvent avec *B. edulis* (cèpe de Bordeaux, **361**). Il est cependant plus estival et n'est pas visqueux, même sous la pluie. Il préfère les espaces plus ouverts : lisières, clairières.

Ces trois espèces de bolets, ainsi que *Boletus aereus* (bolet tête-de-nègre, **363**), très proches entre eux, méritent seuls l'appellation « cèpe ». Ce terme désigne des bolets trapus, à pied obèse, et d'une haute valeur gastronomique.

360

361

362

363 BOLETUS AEREUS
Bolet bronzé, tête-de-nègre

Description Chapeau de 5 à 20 cm, presque hémisphérique, brun très foncé, presque noir. Pores blancs, devenant jaunâtres. Pied très gros, teinté d'ocre ou de brun.
Écologie Exclusivement sous feuillus (chênes), bois clairs, taillis, lisières. Été-automne. Méridional, moins courant que les autres cèpes.
Excellent comestible Plus prisé que le cèpe de Bordeaux, à chair très ferme.
Confusions On donne parfois, à tort, le nom de « tête-de-nègre » à des formes foncées du *B. edulis* (cèpe de Bordeaux, **361**) et *B. pinophilus* (cèpe des pins, **360**).

364 BOLETUS ERYTHROPUS
Bolet à pied rouge

Description Chapeau de 10 à 20 cm, brun-châtain velouté. Pores petits, rouge sombre, plus clairs sur la bordure, devenant de suite bleu foncé au toucher. Pied rouge, granuleux, jaune orangé vers le haut. Chair ferme, jaune vif, devenant bleu sombre à la coupe.
Écologie Bois clairs de feuillus (chênes, châtaigniers), parfois de conifères, lisières, clairières. Sol acide. Été-automne. Assez courant.
Bon comestible cuit, mais toxique cru.

365 BOLETUS LURIDUS
Bolet blafard

Description Chapeau de 8 à 20 cm, de couleur variable, ocre, brun, parfois rosé. Pores jaunes, puis rouges, bleuissant au toucher. Pied en massue, jaune au sommet, rouge orangé vers le bas, orné d'un réseau rouge à mailles allongées. Chair ferme, jaune dans le chapeau, rouge à la base du pied et sous les tubes, bleuissant intensément.
Écologie Bois de feuillus et bois mêlés. Fin de l'été et début de l'automne. Courant.
Comestible cuit, toxique cru.
Confusion La couleur rouge vif, qui marque la séparation entre la chair du chapeau et les tubes, est typique de l'espèce.

Les bolets étaient autrefois classés avec les polypores en raison de leurs tubes. Mais ceux des bolets sont facilement détachables et sont plus proches des lamelles des Agaricacées. Les bolets occupent maintenant le sommet de la pyramide d'évolution des Agaricomycètes.

363

364

364

◁◁

365

366 BOLETUS SATANAS
Bolet Satan

Description Chapeau de 10 à 25 cm, blanchâtre à chamois pâle, plus foncé avec l'âge. Pores jaunes, puis rouge brique, virant au bleu au toucher. Pied très ventru, jaune au sommet, rouge partout ailleurs, à réseau rouge. Chair blanche, bleuissant plus ou moins à l'air.
Écologie Bois clairs de feuillus, clairières, lisières. Uniquement sur sol calcaire. Été et début de l'automne. Assez courant dans le Sud, rare dans le Nord.
Toxique, surtout à l'état cru Provoque des vomissements et des douleurs gastriques.

367 TYLOPILUS FELLEUS
Bolet de fiel

Description Chapeau de 5 à 15 cm, fauve ou brun. Pores blanchâtres, rosissant avec l'âge et au toucher. Pied crème sale ou ocre, orné d'un réseau plus foncé à mailles grossières. Chair molle, blanche, plus ou moins amère.
Écologie Bois de feuillus ou de conifères. Été-automne. Assez commun.
Non comestible Amertume, qui se renforce à la cuisson.
Confusion *B. aestivalis* (cèpe d'été, **362**) n'est pas amer, et le réseau est blanc sur un fond plus foncé.

368 LECCINUM AURANTIACUM
Bolet orangé
Syn. lat. : *Boletus rufus, B. aurantiacius*

Description Chapeau de 10 à 20 cm, d'abord en demi-sphère à peine plus large que le pied, puis s'étalant, roux orangé. Pores petits, serrés, blancs, grisonnant avec l'âge. Pied légèrement renflé à la base, couvert de petites mèches gris orangé. Chair plus ferme dans le pied, blanchâtre, virant au gris-noir à la coupe.
Écologie Bois de feuillus (peupliers, bouleaux...). Été-automne. Assez courant.
Assez bon comestible Mais le chapeau seulement. À récolter jeune, avant que la chair ne devienne trop molle. La chair noircit à la cuisson.

Les bolets à pores rouges et à chair bleuissante sont souvent catalogués comme toxiques et parfois appelés « Satan ». En fait, à part le véritable bolet Satan (et le bolet à pied rouge cru), aucun autre bolet n'est toxique. Certains sont tout au plus amers, comme le bolet de fiel.

366

367

368

369 LECCINUM QUERCINUM
Bolet des chênes

Description Chapeau de 5 à 18 cm, brun à rouge brique. Pores blanchâtres. Pied épaissi à la base, blanc, mais recouvert de nombreuses petites écailles rousses ou brunes. Chair blanche grisonnant à la coupe.
Écologie Sous les chênes essentiellement. Été-automne. Peu courant.
Assez bon comestible Mais chapeau seulement.

370 LECCINUM CARPINUM
Bolet des charmes, bolet raboteux
Syn. lat. : *L. griseum, Boletus pseudoscaber*

Description Chapeau de 5 à 10 cm, souvent d'aspect martelé, noisette ou plus brun. Pores petits, blancs, puis grisonnant, noircissant au toucher. Pied s'élargissant à la base, couvert de petites mèches brunâtres. Chair blanchâtre noircissant rapidement à la coupe.
Écologie Bois de feuillus (charmes, noisetiers). Été-automne. Courant.
Comestible médiocre Mais chapeau seulement. La chair est molle et noircit à la cuisson.

371 LECCINUM SCABRUM
Bolet rude
Syn. lat : *Boletus scaber*

Description Chapeau de 5 à 20 cm, noisette à brun, velouté. Pores blanc sale, puis grisonnant. Chair molle, blanche, rosissant légèrement à la coupe. Pied couvert de petites aspérités écailleuses lui conférant un aspect rugueux.
Écologie Sous bouleaux. Été-automne. Très courant.
Comestible médiocre Mais chapeau seulement.

372 LECCINUM VARIICOLOR
Bolet du bouleau, bolet ramoneur

Description Chapeau de 5 à 12 cm, gris noirâtre, à plages plus claires. Pores blancs, puis brunissant. Pied blanchâtre à nombreuses granulations grises, parfois plus ou moins disposées en réseau. Chair blanche, un peu rosissante, parfois bleue à la base du pied.
Écologie Sous bouleaux essentiellement, purs ou en mélange. Été-automne. Peu courant à assez courant.
Comestible moyen Mais chapeau jeune uniquement.

369

370

371

◁◁

372

373 GEASTRUM SESSILE
Géastre fimbrié, géastre sessile
Syn. lat. : *G. fimbriatum*

Description Forme globuleuse dont l'enveloppe externe se découpe en six à neuf parties, qui s'étalent en étoile (de 4 à 6 cm de diamètre), découvrant une petite masse globuleuse renfermant les spores, qui s'échapperont à maturité par l'orifice apical.
Écologie Bois de feuillus ou de conifères. Fin de l'été et automne. Assez courant.
Non comestible.

374 TULOSTOMA BRUMALE
Tulostome des brumes

Description Tête globuleuse blanche à brune, de 1 cm environ, percée à son sommet d'un opercule cerné de roux, portée par un pied de même couleur, coriace, bulbeux.
Écologie Pelouses sèches, dunes littorales, sols rocailleux. Automne-hiver. Assez courant.
Non comestible.

375 SCLERODERMA CITRINUM
Scléroderme commun
Syn. lat. : *S. vulgare, S. aurantium*

Description Globuleux, de 3 à 15 cm, à sommet aplati, enveloppe externe coriace, crème à orangée, entièrement couverte de verrues pyramidales ; rattaché au sol par des filaments courts ressemblant à des racines. Chair blanc sale devenant noirâtre, puis pulvérulente. Odeur forte et désagréable.
Écologie Lisières, landes, chemins, bois aérés de feuillus ou de conifères, souvent sur la mousse. Sol acide. Été-automne. Très courant.
Non comestible, pouvant se révéler toxique.

376 CALVATIA EXCIPULIFORMIS
Calvatie en forme de vase
Syn. lat. : *Lycoperdon saccatum*

Description Chapeau de 10 à 20 cm de haut, en forme de massue, blanc, puis brun-jaune, portant des aiguillons qui tombent assez rapidement. À maturité, la tête globuleuse se gerce sur toute sa surface et l'enveloppe extérieure tombe en morceaux.
Écologie Bois de feuillus ou de conifères. Été-automne. Peu courant.
Comestible médiocre jeune.
Confusion *Lycoperdon perlatum* (vesse-de-loup perlée, **377**) libère ses spores par un pore apical.

373

374

375

◁◁

376

377 LYCOPERDON PERLATUM

Vesse-de-loup perlée
Syn. lat. : *L. gemmatum*

Description Plus ou moins en forme de poire, de 5 à 9 cm de haut, à séparation entre pied et chapeau peu marquée, couvert de petites aspérités comme de petites perles, blanc-jaune, puis brunissant. Intérieur successivement blanc, jaune-vert, brun, puis pulvérulent. Pied se rétrécissant à la base.
Écologie Bois de feuillus ou de conifères, sur végétaux pourrissant. En groupes. Automne. Très courant.
Comestible jeune La chair à l'intérieur doit être encore blanche.

378 LYCOPERDON PYRIFORME

Vesse-de-loup en forme de poire

Description Comme *L. perlatum* (vesse-de-loup perlée, **377**), mais le sommet est allongé et des filaments blancs ancrent le champignon à son support.
Écologie Sur bois morts, de feuillus essentiellement, parfois enfouis sous la terre. En touffes. Automne. Assez courant.
Comestible jeune mais médiocre.

379 LYCOPERDON ECHINATUM

Vesse-de-loup hérisson

Description De 5 à 6 cm de haut et de forme globuleuse supportée par un pied, entièrement recouverte d'épais aiguillons longs de 0,5 cm environ, serrés et mous.
Écologie Bois de feuillus, surtout les hêtres. Été-automne. Assez rare.
Comestibilité inconnue.
Confusion Ressemblant étonnamment à une bogue de châtaigne tombée au sol, ce lycoperdon est très facile à identifier.

380 VASCELLUM PRATENSE

Vesse-de-loup des prés
Syn. lat. : *Lycoperdon depressum, L. pratense, L. hiemale*

Description Globuleux, de 2 à 5 cm, à pied inexistant ou très court, dont la surface est parsemée par endroits de petites verrues disparaissant par la suite ; blanc, brunissant à maturité. La surface se déchire pour laisser s'échapper les spores sous forme de poudre grise.
Écologie Prés, bords des routes, pelouses. Été-automne. Très courant.
Comestible jeune Il doit être encore blanc.

377

378

379

◁◁

380

381 BOVISTA PLUMBEA
Boviste plombée

Description Sphérique, de 2 à 4 cm, sans pied, blanc. L'enveloppe externe s'écaille à maturité, découvrant une enveloppe interne jaunâtre, puis grise (couleur de plomb), avec un pore au sommet. Chair blanche, puis brune, pulvérulente à maturité. Peut se détacher du sol pour être emporté par le vent.
Écologie Prairies, pâturages, bords des routes. En petits groupes. Été-automne. Courant.
Comestible jeune Mais de taille trop petite.

382 CYATHUS STRIATUS
Cyathe strié

Description Ressemble à un petit nid (1 à 2 cm) brun et hérissé de poils, à face interne striée et renfermant de petits « œufs », d'abord blancs, puis brunissant.
Écologie Sur bois pourrissant ou sur feuilles. Été-automne. Assez courant.
Non comestible.

383 MUTINUS CANINUS
Satyre des chiens

Description et Écologie Comme *Phallus impudicus* (phalle impudique, **383**), mais de port plus élancé, à chapeau apparaissant rouge lorsque le mucus vert noirâtre qui le recouvre disparaît. Beaucoup moins courant.
Non comestible.

384 PHALLUS IMPUDICUS
Phalle impudique, satyre puant

Description Le champignon très jeune est enfermé dans un œuf, relié au sol par un gros cordon ramifié. Chapeau conique, marqué de fossettes, à revêtement visqueux vert olive, qui disparaît par la suite, laissant le chapeau blanc. Pied très épais, blanc, à intérieur parsemé de cavités. Odeur très forte et putride pouvant être sentie à distance et attirant souvent les mouches.
Écologie Bois de feuillus ou de résineux, taillis, haies. Souvent en groupes. Été-automne. Très courant.
Comestible médiocre À goût de radis. Débarrassé du revêtement gluant, l'œuf peut être consommé.

Les bovistes, comme les vesses-de-loup, ont en commun leur ouverture par un pore. Mais les premières ont une enveloppe externe lisse, alors que les secondes sont souvent hérissées d'aiguillons.

381

382
◁◁

383

384

LES CONFUSIONS

Les confusions entre les champignons sont nombreuses tant l'identification se révèle souvent délicate, mais seules les confusions qui peuvent être dangereuses, c'est-à-dire entraîner une intoxication grave, voire la mort, sont traitées ici en détail.
Le diamètre des chapeaux a été indiqué, mais celui-ci peut varier très sensiblement d'un spécimen à l'autre, et ce pour une même espèce. Votre analyse ne doit donc pas s'appuyer sur ce seul critère.
Un texte explicite rappelle les caractères particuliers et distinctifs de chaque espèce, une photo permet une visualisation immédiate, et un tableau synthétise les éléments qui vous donneront les moyens d'identifier correctement les champignons. Mais, en cas de doute, surtout sur ces espèces, n'hésitez pas à sacrifier votre récolte.

AMANITA PANTHERINA

I

AMANITA RUBESCENS

Amanite panthère

Il provoque de graves intoxications conduisant dans de rares cas à la mort. À part la couleur du chapeau, tout chez lui est d'un blanc immuable : les plaques verruqueuses du chapeau, les lames, la chair (qui reste blanche à la coupe et aux blessures éventuelles provoquées par ces animaux). L'anneau, plus petit, disparaît parfois, alors qu'il est toujours présent chez l'amanite rougissante. Il est également inséré plus bas sur le pied. Le bulbe est surmonté d'un rebord net, ainsi que de deux ou trois anneaux hélicoïdaux, alors qu'il est lisse chez l'amanite rougissante.

Ch : 5 à 10 cm.

205 *Amanita pantherina*

Amanite rougissante, vineuse ou golmotte

CUIT

CRU

Le moyen le plus sûr de différencier ce champignon – dont la taille varie énormément selon les spécimens – de l'amanite panthère est le rosissement de la chair qui se manifeste au contact de l'air (lorsque l'on coupe le champignon), ou aux endroits attaqués par les limaces ou les insectes (surtout au niveau du bulbe). Ce rosissement s'observe également sur les lames, aux endroits piqués, et parfois sur les verrues qui parsèment le chapeau.

Ch : 5 à 15 cm.

206 *Amanita rubescens*

Il est à noter que les petites plaques qui parsèment le chapeau de ces deux amanites peuvent plus ou moins disparaître sous l'effet de pluies persistantes.

Amanita pantherina	I	*Amanita rubescens*
brun-gris à plaques blanches, marge striée	**CHAPEAU**	brun vineux à plaques grisâtres, marge non striée
blanches, libres	**LAMES**	blanches parfois ponctuées de rouge, libres
blanc	**PIED**	blanc, rougissant
blanc, strié, fugace	**ANNEAU**	rose, strié, ample
bourrelets autour	**BULBE**	en forme de navet
blanche	**CHAIR**	blanche, rougissante

Amanite phalloïde

La couleur du chapeau des amanites phalloïdes varie d'un spécimen à l'autre. C'est la raison pour laquelle il ne faut absolument pas se fier à ce caractère : chez la plupart d'entre elles, il est de teinte jaune-vert, finement strié de fibrilles grisâtres. Mais il peut être un peu plus brun, ou bien alors, mais plus rarement, d'une blancheur immaculée. Au moindre doute concernant un champignon vous devez systématiquement le rejeter.
Les sujets qui présentent des tons verdâtres ou brunâtres peuvent être confondus avec les trois champignons comestibles courants représentés ci-contre. Davantage que la couleur trompeuse du chapeau, il faut observer les autres caractères : si le champignon est muni d'un anneau et d'une volve (bien gratter la terre autour du pied), on a affaire à une amanite. Il ne faut jamais cueillir à des fins culinaires des champignons qui ont ces deux caractères à la fois car aucun d'entre eux n'est excellent et le risque de confusion avec les amanites mortelles est important.
Ch : 5 à 12 cm.

Deux formes d'amanite phalloïde

Une forme à chapeau plus ou moins coloré et une forme très pâle, voire blanche, sont présentées ci-dessous. Mais il existe d'autres formes intermédiaires.

212 *Amanita phalloides*

Tricholome prétentieux +

Son chapeau présente quelques analogies avec celui de l'amanite phalloïde : également fibrilleux, il est grisâtre, teinté de jaune-vert avec des reflets violacés, mais sa couleur générale est gris-noir, ce qui lui vaut le nom de « charbonnier ». Les lames sont échancrées et rattachées au pied. Ce dernier est robuste, blanc uni (sans zébrures), sans anneau ni volve. Il pousse essentiellement sous les conifères. Apparaissant dès le mois d'octobre, il peut subsister jusqu'au début de l'hiver sans craindre les gelées.
Ch : 5 à 10 cm.

123 *Tricholoma portentosum*

Russule verdoyante +

La russule verdoyante est la meilleure des russules. Elle peut prêter à confusion à cause de sa couleur verte. Mais la cuticule du chapeau se craquelle avec l'âge en formant des plaques, alors que la surface du chapeau de l'amanite est lisse et parcourue de fibrilles.
Rappelons l'absence totale d'anneau et de volve.
Ch : 5 à 10 cm.

312 *Russula virescens*

Russule charbonnière +

La russule charbonnière est moins estimée que la « verdoyante ». Son chapeau offre des coloris très variables, mais les tons violets sont souvent présents. La chair grenue (caractère commun à toutes les russules) et l'absence d'anneau et de volve devraient éviter les confusions grossières avec l'amanite phalloïde.
Ch : 5 à 10 cm.

310 *Russula cyanoxantha*

(Voir tableau pp. 232-233)

II

AMANITA PHALLOIDES

L'amanite phalloïde est responsable de la quasi-totalité des empoisonnements mortels par champignons (plus de 90 %). La gravité de l'empoisonnement, comme pour tous les champignons vénéneux, est proportionnelle à la quantité ingérée. Dans le cas de l'amanite, un seul spécimen suffit pour provoquer la mort. Si, par mégarde, vous mettez ce champignon vénéneux dans le panier, il risque de contaminer toute votre récolte. Il est alors plus prudent de jeter le contenu de votre panier. Tout est trompeur chez l'amanite phalloïde : son aspect anodin, son odeur parfois un peu parfumée et sa saveur douce mettent facilement en confiance le ramasseur imprudent. De plus, la variabilité dans la teinte du chapeau entraîne beaucoup de confusions avec des bons comestibles, et ce d'autant plus que l'amanite phalloïde est un champignon très courant. Rappelons que le seul moyen de se prémunir contre toute intoxication est l'identification précise du champignon. Le fait qu'il soit rongé par les limaces (c'est souvent le cas pour l'amanite phalloïde) n'est absolument pas une preuve de sa comestibilité pour l'homme. Malgré cette variabilité de la couleur du chapeau, il est pourtant relativement aisé de ne pas confondre l'amanite phalloïde avec des champignons comestibles ressemblants. Le pied est élancé, toujours muni d'un anneau blanc, ample dans la plupart des cas mais parfois plaqué contre le pied. Sa base est enveloppée dans une large volve blanche en forme de sac. Ses lames sont toujours bien blanches. Son odeur de rose s'accentue à la dessiccation. Elle pousse un peu partout, surtout sous feuillus, et si elle apparaît assez tôt dans la saison (dès juillet), elle ne persiste guère au-delà des premières gelées.

212 *Amanita phalloides*

212 *Amanita phalloides*

II	*Amanita phalloides*
CHAPEAU	blanc à vert-jaune, jaunâtre à brunâtre, grêle à trapu
LAMES	blanches
PIED	élancé, fibreux, blanc plus ou moins tigré
ANNEAU	ample à large
VOLVE	en forme de sac, plus ou moins ample
CHAIR	molle à fibreuse
HABITAT	bois de feuillus ou mixtes, parfois résineux

Tricholome prétentieux

Le petit-gris est un bien meilleur comestible que les russules et il est d'autant plus intéressant qu'il pousse parfois en abondance. Outre ses caractères morphologiques distinctifs (absence d'anneau et de volve, port trapu, chapeau gris mais rehaussé de reflets jaunes...) son habitat et son époque de fructification diffèrent de ceux de l'amanite : en effet, il ne pousse presque exclusivement que sous les bois de conifères, surtout en novembre ou décembre.

Russule verdoyante et russule charbonnière

Les russules ne figurent pas parmi les champignons comestibles les plus réputés. Cependant, elles font le bonheur de plus d'un ramasseur : la russule charbonnière et la russule verdoyante sont de très loin les meilleures. Les russules ont un port trapu, un pied blanc mais à chair cassante et non fibreuse. Ce caractère s'observe facilement au niveau du pied : il se casse net chez ces champignons, alors qu'il a tendance à s'écraser en s'effilochant chez l'amanite.

23 *Tricholoma portentosum* **312** *Russula virescens* **310** *Russula cyanoxantha*

Tricholoma portentosum	*Russula virescens & R. cyanoxantha*	II
gris à reflets jaunes	vert, gris-vert, violet, couleur variable	**CHAPEAU**
blanches	blanchâtres	**LAMES**
blanc uni	court, trapu, non fibreux mais cassant, blanc uni	**PIED**
absent	absent	**ANNEAU**
absente	absente	**VOLVE**
ferme	cassante	**CHAIR**
surtout sous conifères	bois de feuillus ou de conifères	**HABITAT**

III — AMANITA PHALLOIDES, A. VIROSA & A. VERNA

Les amanites blanches (surtout l'amanite phalloïde) présentent de nombreuses ressemblances avec de jeunes spécimens de l'agaric des bois.
Rappelons qu'elles portent une volve, que leur pied ne jaunit pas au toucher, et qu'elles ont une odeur faible (désagréable pour l'amanite vireuse), mais jamais anisée.
Le caractère qui permet le mieux de ne pas confondre les amanites avec la lépiote pudique est la présence d'une volve ample à la base du pied de ces trois amanites mortelles. Leurs lames restent blanches, même en vieillissant, et elles poussent uniquement dans les bois. L'amanite vireuse a, de plus, un pied pelucheux et une odeur désagréable.
L'amanite printanière pousse plutôt au printemps, comme son nom l'indique, mais peut également se rencontrer jusqu'à la fin de l'été.
Ch : 5 à 10 cm.

Amanite phalloïde

212 *Amanita phalloides*

Amanite vireuse

211 *Amanita virosa*

Amanite printanière

213 *Amanita verna*

III	*Amanita phalloides, A. virosa & A. verna*
CHAPEAU	blanc ou un peu teinté
LAMES	toujours blanches
PIED	blanc, immuable
ANNEAU	toujours présent, moins amp qu'*Agaricus silvicola*
VOLVE	ample
ODEUR	faible, non anisée
HABITAT	bois

Agaric des bois

C'est un comestible excellent, mais dont la cueillette doit faire l'objet de sérieuses vérifications.

Le chapeau, blanc au début, peut se tacher de jaune ou de roux. Les lames, longtemps de couleur claire, brunissent progressivement avec l'âge. Le pied, souvent très flexueux, porte également un anneau mais pas de volve. Il jaunit plus ou moins au toucher. La chair développe une forte odeur d'anis.

Ch : 5 à 7 cm.

184 *Agaricus silvicola*

Lépiote pudique

La lépiote pudique est un comestible délicat. Son chapeau est blanc, parfois crème, mais jamais jaunissant comme peut l'être celui de l'amanite phalloïde. Les lames, blanches au début, rosissent avec l'âge. Le pied est entouré d'un anneau qui coulisse sans difficulté sur le pied. Le pied est bulbeux, mais jamais entouré d'une volve. C'est une inconditionnelle des terrains ouverts : pelouses, prairies, terrains en jachère (attention aux bordures de bois, où des amanites peuvent également s'installer).

Ch : 5 à 12 cm.

172 *Leucoagaricus leucothites*

Agaricus silvicola	*Leucoagaricus leucothites*
blanc, jaunissant	blanc ou crème
blanchâtres, puis roses et enfin brunes	blanches, puis roses
flexueux, jaunissant au toucher	blanc, jaunissant au toucher
très ample	coulissant
absente	absente, mais présence d'un bulbe lisse
anisée	faible
bois de feuillus ou de conifères	prés, bordures de chemins

AMANITA MUSCARIA	IV	AMANITA CAESAREA

Amanite tue-mouches, fausse oronge

Le chapeau est ordinairement rouge écarlate, parsemé de flocons blancs, mais certains spécimens peuvent en être complètement dépourvus. En outre, la pluie peut également à la longue faire disparaître ces aspérités blanches et le chapeau peut même se décolorer pour pâlir vers l'orangé, ce qui accentue la ressemblance avec l'oronge. On reconnaît alors la tue-mouches à ses lames, son pied et son anneau, toujours blancs. De plus, la volve est plaquée au bulbe, avec deux ou trois bourrelets au-dessus. L'amanite tue-mouches est très abondante de la mi-septembre à novembre dans toute la France.

Ch : 10 à 15 cm.

204 *Amanita muscaria*

Amanite des Césars, oronge

Cet excellent champignon est un des rares qui puissent se manger cru. Le chapeau est rouge orangé, lisse, brillant, et sa marge est striée dès le jeune âge, alors qu'il faut attendre la maturité pour observer ce caractère chez la fausse oronge. Tout le dessous du champignon (lames, pied, anneau) est jaune d'œuf, alors qu'il est blanc chez la fausse oronge. Une exception est faite pour la volve, qui est blanche, mais très ample (en forme de sac). Elle est plutôt méridionale.

Ch : 10 à 15 cm.

203 *Amanita caesarea*

Amanita muscaria	IV	*Amanita caesarea*
orangé à rouge, parsemé de plaques blanches (parfois absentes)	**CHAPEAU**	orangé uniforme
blanchâtres ou un peu teintées de jaune	**LAMES**	jaune doré
blanc	**PIED**	jaune
blanc	**ANNEAU**	jaune
absente mais présence d'un bulbe à bourrelets	**VOLVE**	ample, blanche, en forme de sac

LEPIOTA BRUNNEO-INCARNATA

V

Lépiote brun-incarnat

Ce champignon peu courant est très dangereux car il ressemble à une petite coulemelle.
Le chapeau ne dépasse guère 8 cm de diamètre et porte de nombreuses écailles brunes entre lesquelles apparaît la chair rosâtre. Le centre est brun foncé. Le pied, non bulbeux et court, porte de fines mèches brunes en dessous de l'anneau. Ce dernier, situé à mi-hauteur du pied, est d'ailleurs peu marqué. La lépiote brun-incarnat pousse dans les lieux découverts.
Ch : 5 à 9 cm.

171 *Lepiota brunneo-incarnata*

MACROLEPIOTA EXCORIATA

Lépiote excoriée

Le chapeau dépasse 5 cm de diamètre, et sa surface est fendillée en plaques. Les peluches de la marge font une frange. La teinte générale est claire. Son pied est plus long, légèrement bulbeux. L'anneau est bien marqué, coulissant et implanté vers le sommet du pied et non au milieu. Le pied est lisse ou presque, même en dessous de l'anneau.
C'est un champignon courant qui pousse en troupes dès la fin de l'été.
Ch : 5 à 10 cm.

174 *Macrolepiota excoriata*

Lepiota brunneo-incarnata	V	*Macrolepiota excoriata*
diamètre inférieur à 8 cm, écailleux	**CHAPEAU**	diamètre supérieur à 5 cm, écailleux
court, sans bulbe	**PIED**	long, à bulbe
peu marqué	**ANNEAU**	bien visible
blanche, un peu rosissant à la loupe	**CHAIR**	blanche, immuable
pâturages et bois clairs	**HABITAT**	pâturages, en troupes

220 *Entoloma lividum*

Entolome livide

Son chapeau possède des points communs avec le tricholome colombette : comme lui, il est fibrilleux et d'aspect satiné. Mais il n'est pas aussi blanc : sa couleur va du blanc sale au brun clair. Ses lames jaunâtres prennent une belle teinte rose saumon à maturité. Il dégage une forte odeur de farine, qui se transforme en une odeur plus désagréable. Il pousse plus volontiers en groupes ou en cercles sur sol plutôt calcaire.

Ch : 10 à 15 cm.

106 *Clitocybe pityophila*

Clitocybe des résineux

Le clitocybe des résineux a un chapeau blanc soyeux, parfois taché de roux dans l'âge. Les lames sont blanches et se teintent d'ocracé en vieillissant. Son odeur forte rappelle celle de la farine. Il pousse exclusivement sous les conifères.

Ch : 5 à 10 cm.

107 *Clitocybe dealbata*

Clitocybe blanchi

Ce champignon a un chapeau assez plat, blanc sale, mat, à marge recourbée vers le bas, Les lames sont blanches, teintées d'ocracé, peu décurrentes, et l'odeur, forte, est agréable. Il pousse souvent en cercles dans les prés et les pâturages en compagnie du marasme des oréades.

Ch : 5 à 8 cm.

Tricholome colombette

Le tricholome colombette est un champignon entièrement blanc, y compris les lames. Contrairement à l'entolome livide, il préfère pousser isolément ou en petits groupes sous les feuillus.
Ch : 8 à 12 cm.

121 *Tricholoma columbetta*

Clitopile petite prune

Le clitopile petite prune est un excellent champignon jamais véreux, mais pas très connu. Son pied est très court et souvent invisible dans la mousse. Sa très forte odeur de farine lui a valu le nom de meunier. Il vaut mieux le cueillir à maturité lorsque les spores ont coloré les lames en rose, celles des clitocybes restant blanchâtres.
Ch : 5 à 8 cm.

223 *Clitopilus prunulus*

108 *Clitocybe candicans*

Clitocybe blanc

Son odeur prononcée de farine peut provoquer des risques de confusion avec le clitopile. Les caractères distinctifs entre les deux espèces sont peu marqués, mis à part la couleur rose des lames du clitopile à maturité (elles sont blanches chez le clitocybe blanc).
Ch : 3 à 5 cm.

VI ENTOLOMA LIVIDUM, CLITOCYBE PITYOPHILA, C. DEALBATA & C. CANDICANS

Ce sont tous des champignons blancs, parfois un peu tachés de roux. Les lames restent blanches chez les clitocybes et deviennent jaune rosé chez l'entolome livide à maturité. À l'inverse des clitocybes, qui sont de petite taille, l'entolome livide est bien souvent plus grand que les deux comestibles présentés ci-contre. Le pied de l'entolome livide est trapu et ressemble davantage à celui du tricholome et du clitopile que celui des clitocybes, qui est grêle. Le clitocybe blanchi et le clitocybe blanc poussent sur les pelouses ou les pâturages, contrairement au tricholome colombette et au clitopile ; quant au clitocybe des résineux, comme son nom l'indique, il ne pousse que sous ces arbres.

107 *Clitocybe dealbata*

106 *Clitocybe pityophila*

220 *Entoloma lividum*

108 *Clitocybe candicans*

VI	*Entoloma lividum*	*Clitocybe pityophila, C. dealbata & C. candicans*
CHAPEAU	diamètre 10 à 15 cm, blanc soyeux	diamètre 2 à 10 cm, blanchâtre parfois roussissant
LAMES	émarginées, jaunes puis roses	serrées, peu décurrentes, blanchâtres à incarnat
PIED	jaunâtre	long, mince, blanc, roussissant
HABITAT	bois de feuillus ou de conifères	prés et bois clairs

Tricholome colombette

Ce champignon, blanc lui aussi, a un chapeau flexueux, mais brillant et non pas mat. Les lames très serrées, non ou peu décurrentes, restent blanches. La chair, blanche et ferme, prend une teinte rose à la cuisson.

Son odeur est agréable. Il est assez commun dans les bois de feuillus ou de conifères en début d'automne.

Le pied blanc présente des reflets bleu-vert à la base, mais pas toujours évident à voir.

Clitopile petite prune

Son chapeau épais, blanc-gris et pruineux possède une marge enroulée chez le jeune. Ses lames franchement décurrentes permettent de le distinguer de l'entolome livide et des clitocybes. Elles sont tout d'abord blanches puis rosâtres, comme celles de l'entolome livide. Le pied est court, blanc, souvent légèrement excentré. Mais le critère principal est sa très forte et agréable odeur de farine.

De même que le clitocybe blanc et le clitocybe blanchi, il peut pousser dans les pâturages ou les prairies, mais toujours au voisinage des résineux ou en lisière.

121 *Tricholoma columbetta*

223 *Clitopilus prunulus*

Tricholoma columbetta	***Clitopilus prunulus***	VI
diamètre 8 à 12 cm, blanc-gris, fibrileux	diamètre 5 à 8 cm, blanc ou blanc-gris pruineux	**CHAPEAU**
émarginées et non décurrentes, blanches	serrées, décurrentes, blanches, puis roses	**LAMES**
long, épais, blanc	court, blanc	**PIED**
bois de feuillus	bois clairs	**HABITAT**

Inocybe de Patouillard

La confusion est surtout possible à l'état jeune, lorsque le chapeau est blanc crème. Par la suite, il rougit et la marge se fend profondément. De plus, le chapeau n'est pas velouté mais parcouru de fibrilles soyeuses. Ses lames brunissent à maturité alors qu'elles restent blanches chez le tricholome. Son odeur un peu fruitée peut inspirer plus de confiance que celle du tricholome. Tous deux poussent au printemps, dans les bois clairs, sur sol calcaire.
Ch : 5 à 12 cm.

230 *Inocybe patouillardii*

Tricholome de la Saint-Georges

Il est plus trapu que l'inocybe de Patouillard. Le chapeau est velouté, blanc à jaune paille dans la forme typique, mais pouvant parfois être un peu roux. Il dégage une très forte odeur de farine. Il pousse dans les endroits dégagés, les bordures de prés, les bois clairs, les haies d'arbustes épineux.
Ch : 5 à 10 cm.

136 *Calocybe gambosa*

Inocybe patouillardii	VII	*Calocybe gambosa*
diamètre de 5 à 12 cm, fibrilleux, conique, blanc crème, roussissant	**CHAPEAU**	diamètre de 5 à 10 cm, épais, blanc crème
blanches, puis brunes	**LAMES**	très serrées, blanchâtres
blanc, roussissant	**PIED**	court, épais, blanchâtre
plus ou moins fruitée	**ODEUR**	de farine
parcs et bois clairs	**HABITAT**	prés et bordures

Mycène pur

Il est considéré comme toxique. Certaines formes franchement violettes peuvent être confondues avec *Laccaria amethystina*.

Ch : 2 à 5 cm.

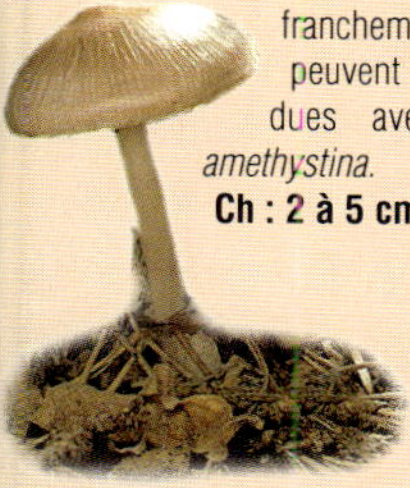

155 *Mycena pura*

Inocybe à lames couleur de terre

Inocybe geophylla est blanc dans sa forme typique, mais il existe des variétés rouges ou violettes. C'est la variété *lilacina*, que l'on peut confondre avec le clitocybe améthyste.

Ch : 1 à 4 cm.

235 *Inocybe geophylla* var. *lilacina*

Clitocybe améthyste

Bien que peu charnu, ce bon comestible se prépare comme le marasme des oréades. Tout le champignon est normalement d'un violet intense, mais pouvant se décolorer en violet très pâle presque blanc à l'état sec et avec l'âge. Le chapeau est ombiliqué (une petite dépression au centre du chapeau). Les lames sont typiquement très espacées et de longueurs très inégales (lamelles et lamellules). Son odeur fruitée le distingue également du mycène et de l'inocybe.

Ch : 2 à 5 cm.

114 *Laccaria amethystina*

Mycena pura	*Inocybe geophylla* var. *lilacina*	VIII	*Laccaria amethystina*
rose ou lilas, plus ou moins mamelonné, lisse	lilas, pointu ou mamelonné, lisse	**CHAPEAU**	violet intense mais pouvant pâlir ombiliqué finement granuleux
assez espacées, blanches à rosées	serrées, grises, puis brun ocracé	**LAMES**	très espacées, roses ou violettes
fragile	long et grêle	**PIED**	tenace, fibreux
de radis	désagréable	**ODEUR**	fruitée

CORTINARIUS SPLENDENS — IX — TRICHOLOMA EQUESTRE

Cortinaire resplendissant

Il en existe plusieurs variétés, dont certaines sont mortelles. D'un beau jaune vif comme *Tricholoma equestre*, il tire plutôt sur le doré ou présente des taches brunes. À maturité, ses lames rouille confirment la différence. Le bulbe est marginé. Les restes de cortine sont visibles car colorées de rouille par les spores. La chair est d'un jaune beaucoup plus vif. Ce champignon préfère les bois de feuillus sur sol calcaire.
Ch : 5 à 10 cm.

265 *Cortinarius splendens*

Tricholome équestre

Le tricholome équestre est un très bon comestible à chapeau jaune vif moins taché de brun ou de roux que *C. splendens*. Les lames nettement marginées restent jaunes à maturité. Sa chair est blanche ou jaune pâle. Mais le caractère le plus évident est l'absence de cortine et de bulbe. De plus, son habitat est différent de celui du cortinaire puisqu'il pousse presque exclusivement sous les conifères.
Ch : 5 à 8 cm.

122 *Tricholoma equestre*

Cortinarius splendens	IX	*Tricholoma equestre*
jaune vif (doré) taché de roux-brun, visqueux	**CHAPEAU**	jaune vif (citron) taché de roux-brun, légèrement visqueux
jaunes, puis rouille à maturité	**LAMES**	jaunes
jaune, bulbe marginé, cortine (jaune, puis rouille)	**PIED**	jaune, sans bulbe, sans cortine
jaune vif resplendissant	**CHAIR**	blanche ou un peu jaune
feuillus, sol calcaire	**HABITAT**	conifères

GALERINA MARGINATA X LACCARIA LACCATA

Galère marginée

Cette espèce mortelle est heureusement peu répandue. Le chapeau de teinte ocre à fauve n'offre jamais de dépression au centre, et il est situé sur la marge (surtout à l'état humide). Les lames sont plus serrées. L'anneau est en général présent, mais il peut disparaître avec l'âge. Elle pousse sur le bois pourrissant aussi bien de feuillus que de conifères, mais parfois enfoui sous la mousse, ce qui peut lui donner l'apparence d'un habitat terricole.
Ch : 1 à 4 cm.

276 *Galerina marginata*

Clitocybe laqué

Ce comestible est moins apprécié que son frère *Laccaria amethystina* (clitocybe améthyste). Le chapeau est de teinte roussâtre, finement granuleux, à marge souvent ondulée et à dépression centrale plus ou moins accentuée. Les lames sont épaisses, ventrues et espacées. Il n'a aucune odeur particulière et il pousse au sol.
Ch : 1 à 3 cm.

115 *Laccaria laccata*

Galerina marginata	X	*Laccaria laccata*
couleur miel à brun, plus ou moins mamelonné, lisse et luisant	**CHAPEAU**	rose orangé, ombiliqué, granuleux
crème, puis brunes, serrées, adnées	**LAMES**	rosées, espacées
plus ou moins visible	**ANNEAU**	absent
de farine	**ODEUR**	un peu fruitée
sur souches et bois morts	**HABITAT**	au sol

Cortinaire semi-sanguin

251 *Cortinarius semisanguineus*
Ch : 3 à 5 cm.

Cortinaire très joli

244 *Cortinarius speciosissimus*
Ch : 5 à 8 cm.

Cortinaire cannelle

253 *Cortinarius cinnamomeus* **Ch : 3 à 5 cm.**

Ces cortinaires ont des teintes rousses à brunes et peuvent être confondus avec le clitocybe laqué, bien que la méprise soit grossière. Les lames sont beaucoup plus serrées, rouille à maturité et émarginées, comme chez tous les cortinaires.

Les lames des jeunes sont cachées par une cortine, qui disparaît au cours de la croissance mais dont les résidus persistent sous forme d'une zone annulaire rouille sur le pied.

Ces cortinaires sont très toxiques, et *Cortinarius orellanus* et *C. speciosissimus* sont même mortels. Le temps de latence avant l'apparition des premiers symptômes est de plusieurs heures, voire plusieurs jours, jusqu'à plus de 15 jours. Cette particularité explique que certains ont eu longtemps une toxicité inconnue.

... & CORTINARIUS ORELLANUS

X

LACCARIA LACCATA

Cortinaire couleur de rocou

243 *Cortinarius orellanus*
Ch : 4 à 6 cm.

Il existe sûrement des cortinaires toxiques, et peut-être mortels, mais qui ne sont pas encore reconnus comme tels par les mycologues.

Clitocybe laqué

Le chapeau du clitocybe peut rappeler par sa teinte roussâtre celui de certains cortinaires, très dangereux. Il est très souvent déprimé ou ombiliqué et à marge ondulée, mais ce sont surtout les lames qui font la différence : elles sont espacées (donc peu nombreuses), très épaisses, adnées, et ne présentent aucune échancrure, contrairement aux cortinaires. Le pied est tenace et sans trace de cortine.
Ch : 1 à 3 cm.

115 *Laccaria laccata*

Cortinarius semisanguineus, C. cinnamomeus, C. speciosissimus & C. orellanus	X	*Laccaria laccata*
roux à brun variable	**CHAPEAU**	rose orangé, ombiliqué, granuleux
serrées, émarginées, rouille à maturité	**LAMES**	espacées, adnées, rosées
cortine chez les jeunes persistant sur le pied en une collerette teintée de rouille sans anneau	**PIED**	tenace, sans anneau
variable (souvent de radis ou d'iode)	**ODEUR**	un peu fruitée
au sol	**HABITAT**	au sol

Hypholome en touffes

Très courant, il se caractérise par son goût amer et la couleur jaune verdâtre du chapeau et des lames.
Ch : 2 à 5 cm.

289 *Hypholoma fasciculare*

Galère marginée

La galère marginée ne pousse pas en touffes, mais en troupes sur les souches mortes de conifères.
Ch : 1 à 3 cm.

276 *Galerina marginata*

Pholiote changeante

Comme le nom de ce champignon l'indique, son chapeau varie de couleur en fonction de l'humidité, de jaunâtre à brun rouille. La couleur du centre diffère de celle de la périphérie lorsque le champignon se déshydrate. Le pied est hérissé de petites mèches sous l'anneau, qui est parfois peu marqué. Elle pousse sur les souches de divers feuillus (surtout hêtres) et de conifères (épicéas), du printemps à l'automne.
Ch : 3 à 5 cm.

277 *Kuehneromyces mutabilis*

Hypholoma fasciculare	*Galerina marginata*	XI	*Kuehneromyces mutabilis*
diamètre 2 à 5 cm, jaune vif, lisse	diamètre inférieur à 5 cm, ocre à brun, de teinte uniforme, à marge striée	**CHAPEAU**	diamètre 4 à 10 cm, couleur miel (sec) à brun roux (humide), lisse
jaune verdâtre	ocre à brunes	**LAMES**	jaunes, puis rouille
jaune vif, roux à la base, lisse	ocre brun, lisse	**PIED**	clair au-dessus de l'anneau, mèches brunes sous l'anneau
pas d'anneau mais une cortine	petit, fugace, brun	**ANNEAU**	parfois peu marqué
très amère	neutre ou de farine	**CHAIR**	douce
sur bois de feuillus ou conifères	surtout sur bois mort	**HABITAT**	sur bois de feuillus ou conifères

OMPHALOTUS OLEARIUS — XII — CANTHARELLUS CIBARIUS

Clitocybe de l'olivier

La couleur de ce champignon est plutôt orangée ou cuivrée. Les lames, très serrées, sont souvent luminescentes. Le pied est plutôt long et mince. La chair est mince et jaune. Il dégage une odeur désagréable, il pousse en touffes sur les racines ou à la base des troncs des feuillus. Ce caractère à lui seul permettrait de le distinguer à coup sûr de la girolle, si ce n'est qu'il peut parfois se situer à plusieurs mètres de distance de tout arbre et sans racine apparente : le clitocybe peut très bien pousser sur des racines ou sur des souches enfouies.
Ch : 5 à 12 cm.

342 *Omphalotus olearius*

Girolle

Sa couleur jaune doré fait office de carte d'identité. Aucun autre champignon ne possède la même. Contrairement au clitocybe, les plis (ce ne sont pas tout à fait des lames au sens botanique), bien qu'également décurrents, sont très espacés. Le pied est court, ferme, mais non fibreux. La chair, tendre, est blanche ou légèrement jaune, et dégage un parfum très fruité. La girolle vient également sous feuillus (ou bois mixtes) mais ne pousse jamais sur les racines ou sur les troncs.
Ch : 4 à 8 cm.

69 *Cantharellus cibarius*

Omphalotus olearius	XII	*Cantharellus cibarius*
jaune à brun-rouge, aspect verni	**CHAPEAU**	jaune d'œuf
lames serrées, décurrentes jaunes à orangées, luminescentes	**LAMES OU PLIS**	plis espacés, décurrents, jaunes non luminescents
très fibreux, long	**PIED**	peu fibreux, ferme, court
désagréable	**ODEUR**	agréable et fruitée
mince, un peu coriace, jaune	**CHAIR**	épaisse, non coriace, tendre, blanchâtre
sur souches ou racines, parfois au sol loin des arbres, en touffes	**HABITAT**	au sol, isolé

INDEX

Les champignons qui font l'objet d'une monographie sont numérotés. Tous les noms sont en romain à l'exception des noms latins qui apparaissent en italique. Les chiffres en gras renvoient aux numéros des champignons traités et illustrés. Les chiffres en romain renvoient aux numéros des monographies où le champignon est cité.

Crédits des illustrations

Couverture : SUNSET/F. Georges : *Clitocybe inversa* (hg). **IMAGE PH/Carcanaque/Obelianne :** Coulemelle (hd). **IMAGES PH/Roumagnac :** Cèpe (bg). **SUNSET/Animals-Animals :** Girolle-Chanterelle (bd).

Photographies (numéros des monographies) :
Anagnostidis : 33, 354, 358 - **Berthoule/NATURE :** 30, 133 - **Bouteville :** 39, 42, 43, 59, 97, 113, 126, 205, 209, 220, 225, 244, 252, 253, 254, 258, 273, 283, 296, 298, 316, 331, 335, 342, 347, 366 - **Chanu/NATURE :** 23, 45, 82, 115, 142, 143, 150, 162, 163, 187, 189, 274, 279, 284, 289, 310, 319, 339, 341, 356, 364, 376 - **Chassain :** 186 - **Chaumeton/NATURE :** 3, 4, 5, 6, 7, 8, 11, 13, 14, 18, 21, 22, 24, 25, 26, 29, 34, 40, 47, 48, 56, 61, 72, 79, 80, 81, 83, 88, 98, 99, 103, 104, 106, 107, 116, 117, 118, 119, 120, 121, 123, 124, 128, 130, 131, 132, 133, 135, 136, 140, 141, 146, 147, 152, 154, 155, 157, 158, 160, 161, 164, 165, 174, 175, 179, 182, 183, 184, 187, 190, 198, 200, 207, 212, 214, 215, 216, 223, 226, 231, 232, 233, 235, 243, 246, 247, 250, 256, 260, 262, 263, 265, 266, 267, 268, 270, 271, 278, 282, 291, 295, 301, 302, 304, 306, 307, 312, 314, 317, 318, 320, 327, 330, 333, 336, 343, 344, 345, 346, 348, 349, 351, 352, 355, 357, 361, 370, 372, 375, 380, 381, 383 - **Chaumeton-Lanceau/NATURE :** 1 - **Dupic :** 2, 67, 74, 159, 169, 188, 241, 359 - **Grospas :** 15, 16, 17, 28, 32, 35, 36, 37, 44, 51, 53, 54, 62, 63, 65, 66, 73, 84, 87, 89, 95, 105, 109, 111, 145, 149, 156, 170, 173, 197, 210, 240, 245, 248, 255, 257, 264, 276, 280, 281, 300, 305, 308, 311, 313, 315, 322, 323, 326, 328, 334, 337, 360, 365, 371, 378, 382 - **Lamaison/NATURE :** 20, 86, 166, 191, 218, 299, 321, 363, 374 - **Lamothe/NATURE :** 206, 379 - **Lanceau/NATURE :** 12, 27, 38, 41, 49, 57, 60, 64, 68, 69, 71, 75, 78, 101, 102, 114, 122, 125, 127, 129, 138, 144, 151, 153, 167, 176, 201, 202, 203, 204, 208, 211, 212, 213, 222, 228, 229, 242, 249, 251, 277, 294, 303, 332, 338, 350, 362, 364, 377 - **Laval/NATURE :** 290, 329 - **Mayet/NATURE :** 46, 353 - **Montégut :** 9, 10, 19, 31, 50, 52, 55, 58, 70, 77, 85, 94, 100, 108, 110, 137, 139, 148, 168, 172, 177, 178, 180, 185, 196, 199, 217, 219, 221, 224, 227, 230, 234, 236, 237, 238, 239, 259, 261, 269, 272, 275, 285, 286, 287, 288, 292, 293, 309, 324, 325, 340, 368, 369, 373, 384 - **Nature :** 297 - **Riousset :** 171 - **Sauer/NATURE :** 76, 181, 367.
Les photos de l'index visuel et des confusions sont des reprises des monographies à l'exception de : **Chaumeton/NATURE :** 342 - **Lanceau/NATURE :** 205 - **Montégut :** 220, 253 - **Nature :** 212.

Impression et reliure : Graphica Editoriale, Bologne
PREMIÈRE ÉDITION
Deuxième tirage
Achevé d'imprimer : mai 1996
Dépôt légal en France : septembre 1995
Dépôt légal en Belgique : D. 1995.0621.108
Imprimé en Italie
Printed in Italy

COMESTIBILITÉ

Très bon comestible
Champignons dont les qualités culinaires sont indiscutables et qui sont en général très connus du public. Attention, certains d'entre eux sont toxiques crus (morilles). Le symbole correspondant leur est alors également attribué.

Bon comestible
Champignons de qualité culinaire inférieure au groupe précédent, et, de ce fait, qui sont beaucoup moins connus. Ils méritent cependant d'être goûtés. Les comestibles médiocres ou très moyens n'ont pas été classés dans cette catégorie.

Toxique
Sont classés toxiques les champignons qui le sont dans leur totalité ou en partie (pied...), même à un seul stade de leur vie, qu'ils soient consommés crus ou cuits, ainsi que les espèces suspectées de toxicité. À noter qu'un champignon comestible cuit peut s'avérer toxique cru.

Mortel
Champignons ayant déjà provoqué au moins un décès. La liste des champignons mortels augmente régulièrement car on ne connaît pas encore les effets de toutes les espèces.

SAISON

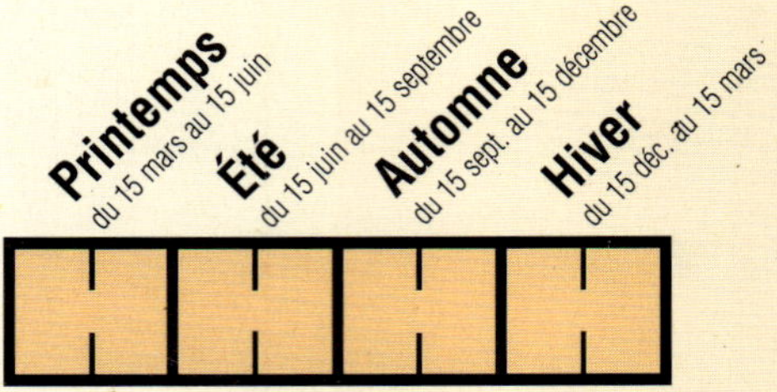